Nouvelles sources

Créé et dirigé par Romain Naudin

MÉDECIN

UN CHEF DE C.H.U. PARLE

Pierre FEISS

MÉDECIN

UN CHEF DE C.H.U. PARLE

LA GESTE

À Geneviève.

N'est-ce pas qu'il est doux, maintenant que nous sommes
Fatigués et flétris comme les autres hommes,
De chercher quelquefois à l'Orient lointain
Si nous voyons encor les rougeurs du matin,
Et, quand nous avançons dans la rude carrière,
D'écouter les échos qui chantent en arrière
Et les chuchotements de ces jeunes amours
Que le seigneur a mis au début de nos jours ?....

Charles Baudelaire.

Introduction

Pour quelles raisons devient-on médecin ? Cette question agite beaucoup ceux qui se préoccupent de la sélection des étudiants à l'entrée des facultés de médecine. Quelles sont les qualités humaines et scientifiques idéales et comment les dépister chez les postulants ? Je crois que ces interrogations sont sans objet et qu'il n'existera jamais de lanterne magique pour éclairer les responsables de l'enseignement de la médecine et de l'organisation de la santé publique. Certains étudiants sont motivés par des exemples familiaux lorsqu'ils appartiennent à une famille médicale. D'autres voient dans la filière médecine des études certes longues et difficiles, mais débouchant sur la certitude d'une profession qui n'a jamais connu le chômage et qui reste relativement bien rémunérée et encore respectée. Enfin, d'autres, dont je suis, se sont engagés dans cette filière un peu par hasard, acculés à l'obligation de s'engager dans des études supérieures et ne sachant pas grand-chose sur la nature de l'enseignement et encore moins sur leur futur métier.

Je suis né en juin 1943, deux ans avant la fin de la guerre, et j'exerçais encore mon métier de médecin en 2019. Mon enfance s'est déroulée en Sarre, car mon père travaillait dans l'administration des mines. Ma mère était une femme dépressive que son psychiatre a qualifié de mélancolique, comme l'une de ses cousines qui a fini défenestrée. Mon père était notoirement absent, sous le prétexte de fonctions syndicales. J'étais heureux de ses absences, car il était peu tolérant, autoritaire et volontiers violent. Il estimait que son devoir était rempli à partir du moment où il assurait le confort matériel de sa famille.

Mes premières années se sont bien passées et je suis entré en sixième avec un an d'avance, simplement parce que l'absence de maternelle à l'école française m'avait amené d'emblée au primaire. Au lycée français de Sarrebruck, je me suis progressivement désintéressé de mes études, étant livré à moi-même dès la sortie des cours, du fait de l'absence physique de mon père et morale de ma mère. Dès mon plus jeune âge, j'avais manifesté l'envie d'apprendre la musique, vœu qui est malheureusement resté pieux. Mon père considérait que la musique ne menait pas à un métier, car il avait lui-même connu cette expérience après être sorti du conservatoire pour se retrouver mobilisé.

L'année de mes 15 ans, nous avons quitté la Sarre pour le sud-ouest de la France et je suis entré en seconde au lycée Louis-Barthou de Pau où j'ai terminé péniblement mes études secondaires.

J'ai choisi de m'inscrire à la faculté de médecine de Bordeaux en 1961, tout à fait par hasard. Je cherchais surtout à échapper à une idée fixe de mon père qui exigeait que je m'engage dans la préparation d'une grande école d'ingénieurs. Mon père, soumis hiérarchiquement à des ingénieurs issus de grandes écoles, nourrissait à leur égard un ressentiment proche de la haine de classe et rêvait de démontrer à ces gens que son fils était capable de les égaler. Malheureusement pour lui, malgré une inscription forcée en terminale scientifique, je ne m'intéressais qu'à la littérature et à la musique et assez peu à mes études en général. Afin d'échapper aux fantasmes familiaux, j'avais tenté des propositions d'inscription en faculté de droit, puis de lettres qui, chaque fois, avaient déclenché des réactions violentes proches de l'agression physique. J'ai obtenu mon baccalauréat mathématiques au lycée de Pau grâce à une réforme ratée qui s'est soldée par une troisième session en septembre à Bordeaux. Mon père s'est alors mis dans la tête de me faire redoubler dans un autre établissement, à Orthez, afin, disait-il, d'obtenir une inscription en classe préparatoire à Bordeaux, si je profitais de cette année pour améliorer un dossier scolaire tellement mauvais qu'il m'avait été conseillé de ne pas revenir au lycée Louis-Barthou de Pau au cas où j'aurais échoué au bac. Cette idée saugrenue lui avait été suggérée par le proviseur du lycée Montaigne de Bordeaux dont il avait fait le siège pendant que je passais l'oral du baccalauréat de justesse. Je soupçonne ce brave homme d'avoir trouvé cette idée pour se débarrasser d'un parent obstiné, pensant qu'il ne trouverait aucun établissement prêt à accueillir un élève aussi peu motivé, notoirement indiscipliné et déjà titulaire de son bac. Le proviseur avait compté sans l'acharnement et les appuis paternels qui me propulsèrent, dès la rentrée, en classe de mathématiques élémentaires au lycée d'Orthez. Personne ne devait savoir que j'étais titulaire du baccalauréat, situation parfaitement exceptionnelle et surréaliste. Les mêmes causes produisant les mêmes effets, je coulai des jours heureux et me fis des amis aussi peu travailleurs que moi, afin de passer le plus agréablement possible cette année sabbatique. Orthez est une petite ville des basses Pyrénées, à une trentaine de kilomètres de Pau, dont j'ai fréquenté les bistrots assidument pendant un an. Arrivé en vue de la fin de l'année scolaire, dans la deuxième quinzaine du mois de mai, je sentis qu'il fallait prendre une décision visant à atténuer la colère paternelle garantie lorsqu'il prendrait connaissance de mes résultats qui étaient au moins aussi mauvais que ceux de l'année précédente. Il n'était pas question de manifester l'intention de m'inscrire dans une faculté de lettres ou de droit, solution qui avait déjà déclenché l'ire paternelle lorsque j'étais encore en première. J'appris alors que les études médicales venaient de subir une réforme qui avait consisté à fusionner l'année de PCB (physique-chimie-biologie) avec la première année, ce qui me permettrait de gagner une année et d'effacer l'année sabbatique que je venais de passer. J'espérais ainsi atténuer la réaction violente de mon père et le prendre de court, car il n'avait aucune connaissance précise du déroulement des études médicales, hormis leur longueur. Au mois de juin 1961, je me suis inscrit à la faculté de médecine et de pharmacie de Bordeaux. Heureusement, à cette époque, il suffisait de produire le certificat provisoire de réussite au baccalauréat pour s'inscrire dans la faculté de son choix ; parcoursup n'était pas encore passé par là.

Mon père se chargea de trouver une chambre la moins chère possible. Un de ses collègues de travail, également cadre à l'usine de Lacq, obtint que je loge à deux pas de la faculté, dans l'appartement de sa mère et de sa sœur dont le fils était étudiant en école de commerce. Ces deux braves femmes me prêtaient une chambre sans fenêtre dans leur appartement et fournissaient aussi le petit-déjeuner et le dîner pour une somme ridicule. Début octobre 1961, je fis ma rentrée en première année. La fusion avec l'année de PCB avait amené environ mille étudiants en première année et avait obligé la faculté à acquérir et à aménager un ancien parking à étages dans la rue voisine afin de nous accueillir.

Les premiers pas

L'amphithéâtre était situé au dernier étage du bâtiment et, dès le premier jour, il était plein à craquer. D'emblée, l'enseignant chargé de nous accueillir nous annonça le programme des réjouissances. Ce qui restait de l'ancien PCB serait enseigné désormais par des enseignants de la faculté de médecine et sanctionné par un examen au mois de février. Ensuite, le programme de sciences fondamentales de la première année de médecine serait enseigné de février à juin. Les résultats des examens de fin de première puis de deuxième année remplaceraient le concours d'externat des hôpitaux. La première centaine des reçus aurait ainsi la chance d'occuper une fonction hospitalière qui permettait d'accéder à une expérience pratique de quatre ans que n'avaient pas les autres étudiants dont les stages hospitaliers se déroulaient de manière passive, sous la conduite des internes et des chefs de clinique des services. L'externat était le premier échelon de la carrière hospitalière, car il donnait le droit de tenter le concours d'internat des hôpitaux et ainsi d'espérer poursuivre la voie royale qui pouvait mener au titre envié de médecin ou chirurgien des hôpitaux et de professeur de faculté.

L'enseignement de ce qui avait remplacé le PCB avait peu à voir avec la médecine. La physique et la chimie consistaient en notions générales et pouvaient aussi bien servir de base à des études scientifiques qu'à une propédeutique médicale. Quant à la biologie, elle abordait des sujets très variés, intéressants mais souvent éloignés de la médecine, comme la danse des abeilles ! Au mois de février, l'examen fut sélectif et fatal à plus de la moitié des étudiants pour lesquels un redoublement ou un abandon devenait inévitable. Le programme de première année comportait des sciences fondamentales, anatomie, biochimie, physique médicale, mathématiques, et psychologie médicale. Le programme d'anatomie était très volumineux et agrémenté de nombreuses séances de travaux pratiques. En effet, Bordeaux comportait une école de santé navale et un grand nombre de ses élèves devenaient prosecteurs d'anatomie, soit parce qu'ils étaient chirurgiens, soit en vue de passer une agrégation d'anatomie et d'échapper ainsi à la carrière militaire. La psychologie médicale était enseignée par un professeur de psychiatrie remarquable, très cultivé, mais paraissant très tourmenté. Du reste, il finit par se défenestrer depuis son service quelques années plus tard. Ironie du sort, il fut remplacé par un collègue qui se nommait Loiseau !

Dès le premier jour où je me suis retrouvé dans cet amphithéâtre de mille places, j'ai décidé de me sortir de cette année d'études qui allait se terminer par une sélection par l'échec et je me suis mis à travailler sans m'accorder aucun loisir. Je n'avais aucun mérite à me priver de loisirs, car mon père devait estimer que le fait de régler ma pension et le restaurant universitaire du midi suffirait à mon bonheur. Les premiers mois furent assez déconcertants, car les sciences enseignées me paraissaient avoir peu de rapport avec l'idée que je me faisais des études médicales. Je fus reçu sans trop de difficultés à l'examen de février sanctionnant ce qui restait de l'ancienne année propédeutique arrachée à la faculté des sciences. La deuxième partie de l'année abordait des disciplines fondamentales plus en rapport avec la médecine. La concentration du programme de première année sur un temps aussi court nécessitait un effort assez considérable, car le volume de connaissances à ingurgiter était important et le temps passé dans l'amphithéâtre et dans les salles de travaux pratiques ne laissait que la nuit et les week-ends pour le travail personnel. Parmi les sciences fondamentales, la biochimie m'attirait au point d'avoir, un temps, envisagé de poursuivre ultérieurement une formation de biologie médicale.

L'examen du mois de juin se passa bien et mes notes pouvaient me laisser espérer être admis à l'externat, à condition de confirmer ces résultats en seconde année.

Pendant les vacances d'été, je fus embauché pendant un mois au centre de recherche de l'usine pétrochimique de Lacq. Étant donné que mon niveau en chimie était inférieur à celui des élèves ingénieurs en stage avec moi, je fus chargé d'effectuer des analyses de la pollution atmosphérique par les gaz acides produits par l'exploitation du soufre. Tous les jours, un agent ramassait, dans divers endroits de la campagne béarnaise, des flacons contenant de l'eau oxygénée sensée avoir réagi avec les dérivés soufrés, en particulier le SO2 renfermé éventuellement dans l'air admis par une pompe dans le flacon où il barbotait dans l'eau oxygénée. Le niveau de pollution atmosphérique mesuré restait très faible et, comme j'avais à rédiger un rapport de stage, je me plongeai dans les livres de chimie, afin de démontrer que la réaction utilisée était influencée par la chaleur qui dégradait l'eau oxygénée et rendait la réaction avec le SO2 peu probable et peu fiable. Je fis quelques expériences pour étayer ma théorie et fus approuvé par l'ingénieur maître de mon stage. Ce dernier était cependant sans illusion sur la suite, car les mesures de pollution avaient pour seule utilité de rassurer la population et les associations, donc leur fiabilité était le cadet des soucis de la direction.

Au mois d'octobre 1962, reprise des cours en deuxième année avec quelques changements intéressants. Dès le début de l'année, les membres du conseil de faculté nous informèrent que, à la suite de la réforme Debré (professeur de pédiatrie et père du ministre), nos études se poursuivraient dans un centre hospitalo-universitaire, c'est-à-dire dans un vaste ensemble intégrant la faculté, les soins et la recherche. En fait, j'ai eu le temps de terminer mes études, et d'être nommé chef de clinique avant de découvrir le nouveau centre hospitalier de Bordeaux. En deuxième année, les mêmes matières continuaient d'être enseignées, avec, en plus, un enseignement de la sémiologie[1] destiné à nous préparer à notre future formation clinique. Au bout de quelques mois, nous avons été répartis par petits groupes dans des stages hospitaliers qui se déroulaient le matin et consistaient en séances d'enseignement au lit d'un patient. L'enseignement dispensé par des chefs de clinique consistait à nous faire appliquer la sémiologie et à nous apprendre à examiner un patient. Une partie de la matinée se passait ensuite à suivre la visite du professeur. La majorité des patrons de cette époque exerçaient leurs fonctions hospitalières à mi-temps et avaient leur clientèle en ville. Le patron se faisait présenter un patient par le chef de clinique ou par l'interne, après que l'externe avait lu l'observation qu'il avait rédigée. Les étudiants comme moi étaient considérés comme quantité négligeable et personne ne daignait leur adresser un mot. Ils étaient transparents. La première fois que j'ai fréquenté un service hospitalier, j'ai décidé en mon for intérieur que je ferais tout pour

---

1. La sémiologie est l'étude des signes des maladies obtenus par l'examen clinique.

devenir le patron et diriger à mon tour un service. À ce moment, cette pensée me paraissait totalement utopique.

Avec un ami qui occupait la place voisine de la mienne dans l'amphithéâtre et dans le même groupe de travaux pratiques, nous décidâmes que certains gestes fondamentaux devaient être acquis le plus tôt possible afin que nous soyons plus à l'aise le jour où nous serions amenés à nous installer. Le stage hospitalier débutant à neuf heures, nous sommes allés voir les infirmières du service afin qu'elles nous apprennent à faire les prises de sang et divers pansements à partir de huit heures, avant l'arrivée des médecins du service. Ces premiers contacts avec l'hôpital nous laissaient un sentiment de frustration, car il était évident que nous étions considérés comme quantité négligeable. Aucun patron ne s'adressait à nous et nous étions ignorés même par les patients qui étaient conscients de notre inutilité. Les externes, responsables d'une dizaine de patients dont ils devaient prendre et tenir à jour les observations, nous paraissaient jouir d'une position privilégiée. Certains d'entre eux consentaient à partager avec nous l'examen des patients avant ou après la visite du patron.

Mon objectif le plus proche devint donc l'externat et je passai tout le temps disponible en dehors de mes cours à préparer d'arrache-pied l'examen de fin de deuxième année. En juin, le total des notes obtenues aux examens de fin de première et de deuxième année me confirma que je serais nommé externe à la rentrée suivante. Afin d'occuper utilement une partie des grandes vacances, je suis parti en Moselle chez mes tantes, car mon père connaissait un médecin de l'hôpital de Forbach qui acceptait de me recevoir dans son service. J'ai passé un mois dans un service de médecine en compagnie d'un étudiant grec qui effectuait son stage interné pour valider sa sixième année de médecine. Je me suis entendu rapidement avec lui, en particulier en traduisant les dialogues avec les patients âgés qui, comme ma propre grand-mère, ne parlaient que l'allemand. Certains patients que j'ai eu l'occasion de voir lors de cette première expérience me sont restés en mémoire. Ainsi, je me souviens d'un patient atteint du tabès, autrement dit, d'une syphilis tertiaire atteignant la moelle épinière. Cet homme, grand et maigre, avait une ataxie, c'est-à-dire des troubles de l'équilibre et de la marche très importants. Pendant ce stage, il m'est arrivé d'aller au bloc opératoire tenir les écarteurs pour aider le chirurgien et son interne. Les interventions étaient, en règle générale, assez simples, car les cas compliqués étaient réservés, m'a-t-on dit, au professeur Fontaine, patron de la chirurgie universitaire de Strasbourg qui venait régulièrement opérer les patients des hôpitaux généraux de la région. Fontaine faisait partie de ces grands mandarins dont le pouvoir était considérable. Il régnait en maître absolu sur la chirurgie de Strasbourg et de sa région. Lorsqu'il fut admis à la retraite, son service fut scindé en douze services, donnant ainsi leur autonomie à des spécialités aussi différentes que la chirurgie cardiovasculaire et la neurochirurgie. La médecine universitaire de cette époque avait une organisation féodale et nul ne pouvait s'opposer à un des mandarins sans risquer de compromettre sa carrière future. Quoi qu'il en soit, ce premier contact hospitalier, bien que bref, me permit de confirmer mon intérêt pour des études et un avenir que j'avais choisis un peu par hasard.

Externe des hôpitaux

En octobre 1964, dès la rentrée universitaire, je fus convoqué, avec beaucoup d'autres, dans le grand amphithéâtre de l'hôpital Saint-André de Bordeaux, pour choisir le premier stage de six mois que j'allais effectuer en tant qu'externe des hôpitaux. Nous étions nombreux, environ quatre cents, et le choix se faisait en fonction de l'ancienneté et du rang de nomination. L'ensemble des services des hôpitaux était noté sur un immense tableau ainsi que le nombre de postes à pourvoir dans chacun d'eux. Les services de médecine et de spécialités médicales partaient en premier, puis suivaient les services de chirurgie. Lorsque mon nom fut appelé, il restait des services de pneumo-phtisiologie situés à l'hôpital Xavier-Arnozan, dans la banlieue proche, à Pessac. L'hôpital Xavier-Arnozan porte le nom d'un ancien professeur de la faculté de médecine de Bordeaux, né en 1852 et mort en 1928. C'était un hôpital pavillonnaire organisé comme les sanatoriums de l'époque. Un des pavillons accueillait également un service de radiologie et un service de chirurgie thoracique. Le service dans lequel je devais prendre mes fonctions était dirigé par un médecin des hôpitaux que les anciens m'avaient décrit comme original, voire bizarre, jusque dans ses choix thérapeutiques. Quand il faisait beau, il arrivait dans une décapotable et arborait un chapeau de paille qui s'accordait avec les arbres et la verdure du parc de l'hôpital. Son épouse, beaucoup plus jeune, puisqu'il l'aurait épousée alors qu'elle était externe dans son service, était vacataire et suivait la visite une fois par semaine. La religieuse qui exerçait la fonction de surveillante pour son service et celui de son collègue qui partageait le même pavillon ne semblait pas l'apprécier. Notre patron avait largement l'âge d'être notre père et nous traitait gentiment, avec paternalisme. Il était plus attentionné avec nos collègues du sexe opposé, surtout les jours où son épouse était absente. L'une de ces collègues, dotée de formes harmonieusement avantageuses, était une grande fumeuse, ce qui lui provoquait souvent des accès de toux. Le patron, qui avait repéré le problème, insista pour lui faire subir une radioscopie. Notre collègue appréciait peu l'initiative, mais fut obligée de se soumettre, d'autant que nous appuyions chaudement l'initiative du patron. Tous les externes se retrouvèrent donc dans l'obscurité, autour du patron assis devant l'écran. Notre collègue était placée derrière l'écran, d'abord de face, puis de trois quarts et de profil, grâce à la main du patron passée par une large fente sous l'écran qui la manipulait par les hanches et par les fesses. Nous pouvions ainsi tous admirer à l'écran l'ombre de ses seins.

Notre premier patron était un peu spécial. Ses idées sur le cancer, particulières et non-conformistes, l'entraînaient à injecter dans des tumeurs pulmonaires des médicaments (?) dont l'origine, connue de lui seul, ne paraissait pas validée par la science officielle. L'un des produits injectés dans les tumeurs (ou à côté ?) venait de Suisse, pays d'où étaient originaires de nombreuses préparations charlatanesques, comme, par exemple, le fameux sérum de tortue qui fut responsable du décès de nombreux tuberculeux jusqu'à l'ère des antibiotiques et même après leurs débuts.

Pendant ce premier stage d'externat, malgré les aspects folkloriques de notre patron, nous avons découvert tous les aspects de la tuberculose pulmonaire et de ses traitements. De plus, nous avons assisté aux réunions régulières de tous les médecins de l'hôpital au cours desquelles les internes et les chefs de clinique présentaient des cas cliniques discutés par les patrons.

Mon deuxième stage d'externat s'effectua dans le service de réanimation médicale. Ce service avait été créé par le professeur Castaing, initialement pneumologue mais refusé au concours de médecin des hôpitaux, car victime d'une cabale. Le service était situé dans l'hôpital des enfants, ancien couvent, aujourd'hui disparu. Il comportait trois salles, réparties sur trois étages. La salle 7, au rez-de-chaussée, accueillait les patients aigus, les deux autres salles, 9 et 27, des patients chroniques. La salle 7 recevait des patients atteints de tétanos, traités par sédation profonde et curare si nécessaire, donc placés sous ventilation artificielle. Les autres cas de détresse respiratoire étaient, en majorité, des patients atteints de bronchite chronique évoluée, en poussée aiguë de leur insuffisance respiratoire chronique. Toutes les détresses respiratoires aiguës, quelles qu'en soient les causes, étaient prises en charge dans la salle 7. Les chambres comportaient quatre ou deux lits. La promiscuité des patients était difficilement évitable car le service était installé dans un hôpital ancien et vétuste. Les deux autres salles abritaient des patients chroniques, certains depuis plusieurs années. Ainsi, des patients ayant des séquelles de poliomyélite aiguë et manquant d'autonomie respiratoire, soit en permanence, soit la nuit, « habitaient » le service depuis la fin de l'épidémie qui avait frappé l'Europe en 1957. Les patients sans autonomie respiratoire étaient trachéotomisés et ventilés par un respirateur depuis 1957. Certains autres patients, adultes ou enfants, étaient capables de respirer seuls pendant le jour, mais, à cause de leur épuisement musculaire, devaient être aidés la nuit grâce à un poumon d'acier ou à une cuirasse qui permettaient de mettre leurs muscles respiratoires au repos. D'autres patients étaient là à la suite de problèmes neurologiques ayant aboli leur ventilation. Ainsi, dans une chambre, deux patients tétraplégiques[2] étaient trachéotomisés et sous ventilation artificielle depuis plusieurs années. L'un des deux était un ancien gendarme d'une cinquantaine d'années dont la fracture cervicale avait été causée par un accident de la circulation. Le second était un homme jeune, de moins de 25 ans, étudiant professeur d'éducation physique qui s'était fracturé les cervicales en plongeant sur le littoral proche de Bordeaux. Un jeune professeur de neurophysiologie, présent par hasard, avait pratiqué la réanimation respiratoire avant l'arrivée des secours. Ce n'est qu'après son admission en réanimation que le caractère définitif des lésions avait été confirmé. Le passage dans ce service de réanimation a été une découverte. J'ai compris, en voyant agir les médecins qui nous encadraient, qu'il fallait s'acharner sans se décourager dans les situations de détresses vitales aiguës. En même temps, les patients chroniques du service m'ont également permis de connaître les séquelles de la réanimation et de découvrir très tôt les problèmes de conscience et les limites de cette médecine moderne. Les deux patients tétraplégiques recevaient des doses de morphiniques et de tranquillisants très importantes par les infirmières de la salle, sans en référer aux médecins qui feignaient de l'ignorer. Lorsque j'ai eu la confiance des infirmières de la salle, l'une d'elles

2. Paralysie des quatre membres, en général, consécutive à une section de la partie haute de la moelle épinière au cours d'un traumatisme. Certaines affections médicales de la moelle ou du bulbe peuvent être responsables, comme la poliomyélite à forme bulbaire ou la maladie de Charcot.

m'a avoué qu'elles leur administraient même du vin par la sonde gastrique lorsque ces malheureux leur paraissaient trop déprimés. Je me souviens aussi d'une petite patiente d'une dizaine d'années qui était dans un coma chronique depuis plus d'un an à la suite d'un arrêt cardiaque lors d'une banale anesthésie générale. Elle était nourrie par une sonde gastrique et avait conservé son autonomie respiratoire. À l'époque, personne n'évoquait l'arrêt des apports d'eau et d'aliments qui aurait pu mettre fin à cette situation douloureuse. Cette patiente était pourtant dans le même état clinique que Vincent Lambert dont l'agonie a défrayé la chronique récemment. La réanimation était une discipline trop récente pour que les problèmes d'éthique occupent la place qu'ils ont aujourd'hui et que ces préoccupations se répandent dans le public, hors du cercle des proches des patients. La société n'était pas consciente de ces problèmes et ne voyait encore que les exploits de la médecine sans en appréhender les dommages collatéraux. Pendant le stage de réanimation, les externes étaient tenus de participer au tour de garde de pédiatrie de l'hôpital qui revenait tous les dix à quinze jours. Ceci ne m'a pas empêché de venir dans le service de réanimation passer des après-midis et des nuits avec les internes et les chefs de clinique de garde. Grâce à ces médecins, j'ai appris une grande partie des bases de ce qui serait plus tard ma spécialité. L'un des internes de ce service sera nommé plus tard professeur de réanimation. Les deux chefs de clinique de cette époque deviendront professeurs d'anesthésie-réanimation et seront mes collègues après avoir été mes maîtres. Pendant la durée de mon externat, j'ai gardé un contact avec ce service de réanimation et y ai assuré des gardes chaque fois que je le pouvais. Lorsque le patron du service a créé, avec l'aide de la Sécurité sociale, deux antennes équipées d'ambulances de réanimation le long de la nationale 10, j'ai participé aux gardes d'un des premiers services mobiles d'urgence et de réanimation (SMUR).

Les gardes de porte à l'hôpital des enfants étaient chargées. À cette époque, on hospitalisait facilement les enfants. J'ai découvert avec stupeur que certains enfants, atteints de maladies dites de l'enfance (rougeole, coqueluche, varicelle, oreillons..), étaient adressés au service des maladies infectieuses surtout les veilles des week-ends et que le contact des parents se trouvait sur le bassin d'Arcachon. Les gardes étaient l'occasion de rencontrer de nombreuses affections frappant des enfants de tous âges. L'externe et l'interne de garde étaient un peu seuls, et souvent un peu jeunes, pour assumer ces responsabilités. C'était une époque où la coqueluche du nourrisson était fréquente. Chez ces très jeunes enfants, les quintes de toux sont très discrètes, par contre, elles se terminent par un arrêt respiratoire qui peut être fatal à l'enfant. Dans ces cas, le monitorage avec alarme étant peu disponible en dehors du service de réanimation adulte qui n'avait que quatre lits de réanimation pédiatrique pour des cas plus complexes, l'externe de garde passait la journée et la nuit en pédiatrie à côté de l'enfant et avait pour consigne de repérer les apnées pour le stimuler afin qu'il reprenne sa respiration. Lors d'une de mes premières gardes de pédiatrie, une puéricultrice m'appela et me demanda de pratiquer une prise de sang dans la fontanelle d'un nouveau-né. J'étais terrorisé, car je n'avais jamais pratiqué ce geste. L'infirmière s'en est aperçu et m'a rassuré en me promettant de bien tenir l'enfant et en m'expliquant comment il fallait s'y prendre. Cette époque se caractérisait par une pénurie médicale dans les hôpitaux à côté de laquelle la situation actuelle ressemble à l'opulence. La plupart des professeurs étaient encore à temps partiel et le fonctionnement des services reposait sur les internes et sur les externes. Ils pouvaient compter sur le chef de clinique pour les cas difficiles, mais, pendant les gardes, il était souvent difficile de déranger l'interne si la raison ne lui paraissait pas suffisamment sérieuse, et il était hors de question pour un externe de s'adresser directement au pédiatre ou au chef de clinique de garde sans autorisation de l'interne. Je me souviens d'une enfant de 8 ou 10 ans qui fut admise pour un état fébrile avec une obnubilation proche du coma. J'étais de garde et l'interne qui m'encadrait était une dermatologue qui effectuait son semestre dans le service de dermatologie pédiatrique. Après avoir plusieurs fois visité et bien examiné l'enfant, nous sommes arrivés à la conclusion qu'il pouvait s'agir d'une méningite et qu'il fallait confirmer le diagnostic par une ponction lombaire. L'interne m'obligea à pratiquer la ponction qui révéla effectivement une méningite s'avérant tuberculeuse. Le lendemain matin, le chef de service de pédiatrie passait sa visite, et en ouvrant la porte de la chambre, il se retourna vers sa suite et lui annonça une méningite tuberculeuse. Il avait fait le diagnostic rien qu'en apercevant l'enfant. Cet homme, prés de l'âge de la retraite, avait une grande expérience et avait certainement observé un grand nombre de cas semblables. Un simple coup d'œil lui avait suggéré le diagnostic que nous avions fini par faire après plus d'une demi-journée d'observation. Ce grand pédiatre était, en plus, un excellent enseignant et un grand humaniste. Pendant une autre de mes gardes, j'étais assis au bord du lit d'un enfant, en train d'écrire l'observation médicale du petit patient tout juste entré, lorsque je sentis le lit se creuser. Le patron du service était assis à mes côtés et me demandait de lui lire mes observations avant, très gentiment, de me faire remarquer et de corriger toutes les insuffisances et erreurs que comportait mon examen. Cet enseignement au lit du patient par des hommes d'expérience vous marquait pour le reste de votre vie professionnelle et vous encourageait à travailler pour essayer d'atteindre un jour leur niveau de compétence.

C'est au cours d'une garde en pédiatrie que j'ai assisté à une prise en charge étonnante que j'ai, encore aujourd'hui, du mal à expliquer. Nous avions hospitalisé un nourrisson déshydraté par une diarrhée aiguë et la puéricultrice m'a expliqué comment on savait simplement si l'enfant manquait surtout d'eau, d'eau et de sel ou d'eau et de bicarbonate. Pour ce faire, elle prépara trois biberons avec du soluté de glucose, du soluté salé pour perfusions (9 grammes de sel par litre) et le dernier avec du soluté de bicarbonate (soluté habituellement administré en perfusion pour traiter l'acidose). Elle proposa chaque biberon à l'enfant qui accepta celui qui lui était utile, en l'occurrence le soluté salé qu'aucun adulte n'aurait accepté de boire.

Le souvenir le plus pénible que j'ai gardé de ces gardes de pédiatrie est celui des enfants atteints de leucémie. À cette époque, la leucémie était fatale en quelques mois. Ces enfants souffraient d'hémorragies et de douleurs osseuses qui rendaient leur agonie particulièrement terrible. Les infirmières appelaient l'externe ou l'interne pour qu'il prescrive de la morphine à ces enfants. Il était insoutenable d'entendre un enfant hospitalisé dans une chambre à quatre lits vous annoncer qu'il allait vomir du sang et mourir comme son voisin de chambre décédé la veille.

Il y avait parfois des événements moins dramatiques qui nous inspiraient le sourire, même s'ils étaient consécutifs à une organisation des soins très discutable. Chaque semaine, au bloc opératoire, dont l'entrée donnait sur la cour de l'hôpital, avait lieu une séance d'ablation des amygdales. À cette époque, il était fréquent d'enlever les amygdales pour des raisons souvent futiles. L'anesthésie, très légère, était pratiquée au masque par l'opérateur lui-même et les amygdales étaient « arrachées » à l'aide d'une sorte de guillotine actionnée par une pince. L'enfant, solidement immobilisé par un ou une aide en face du chirurgien, devait être réveillé immédiatement afin de cracher le sang et d'éviter l'inhalation et l'asphyxie. Les enfants hospitalisés en pédiatrie qui devaient subir l'amygdalectomie étaient identifiés grâce à une marque de mercurochrome appliquée sur le front par la sœur du service et envoyés faire la queue devant la salle du bloc réservée à cette intervention où ils attendaient leur tour. Un jour, le fils du concierge de l'hôpital avait fait une chute et sa mère lui avait appliqué du mercurochrome sur le front. L'enfant discutait devant le bloc avec des enfants marqués, comme lui, au front et la suite est facile à imaginer. Sur le coup de midi, la mère chercha son fils pour passer à table et finit par le trouver dans la salle attenante au bloc, en train de cracher du sang, débarrassé de ses amygdales. Le directeur de l'hôpital dut faire preuve de diplomatie pour calmer les parents et éviter le scandale. On imagine la suite de pareille aventure à l'heure des réseaux sociaux et d'Internet !

L'enseignement universitaire

Nous étions en 1964, et les après-midis étaient réservés aux cours théoriques à la faculté de médecine. La présence aux cours n'était pas obligatoire, mais celle aux séances de travaux pratiques l'était. La troisième année de médecine était occupée par des disciplines fondamentales : l'immunologie, la bactériologie, la virologie, la génétique, l'anatomie-pathologique. La fréquence des travaux pratiques poussait les étudiants à assister aux cours.

Le fait que ces disciplines soient enseignées en neuf mois, durée réelle de l'année universitaire, est la preuve de l'état encore rudimentaire des connaissances à une époque pourtant pas si lointaine. Ainsi, l'enseignement de l'immunologie se cantonnait à celui des groupes sanguins, à la description des réactions antigènes-anticorps et à des notions d'allergologie. Aujourd'hui, il n'est plus possible d'ouvrir une revue médicale sans découvrir de nouveaux traitements par des anticorps monoclonaux, appliqués à des maladies autrefois incurables ou fatales, et toutes les disciplines bénéficient des avancées thérapeutiques d'une spécialité qui permet d'accéder aux mécanismes de nombreuses situations pathologiques.

La génétique médicale était encore dans les limbes et l'enseignement de la faculté se limitait essentiellement aux lois de l'hérédité décrites par Mendel chez les pois de senteur, ainsi qu'à la transmission des caractères comme la couleur des yeux ou les groupes sanguins. Les maladies liées à des anomalies chromosomiques étaient encore mal connues, à part les effets de la trisomie 21 (syndrome de Down ou mongolisme) et les anomalies du développement sexuel liées à des modifications des chromosomes X et Y. Actuellement, la perspective de vaincre le cancer résulte de plus en plus des progrès fulgurants de l'immunologie et de la génétique. Le séquençage de l'ADN a permis de comprendre le mécanisme de nombreuses affections congénitales et la thérapie génique laisse espérer la guérison de nombreuses affections comme les myopathies, la thalassémie, la drépanocytose et l'hémophilie alors qu'elle appartenait à la science-fiction lorsque je fréquentais la faculté.

De même, l'enseignement de la virologie tenait une place relativement restreinte, car les maladies virales ne connaissaient aucun traitement efficace et intéressaient donc peu les futurs médecins. L'apparition du SIDA a révolutionné la virologie et a contribué au développement des traitements antiviraux, en stimulant la recherche fondamentale et la recherche pharmaceutique.

À partir de la quatrième année de médecine, peu d'étudiants fréquentaient la faculté, hormis une fois par an pour reprendre leur inscription.

En effet, en quatrième année, les cours abordaient la pathologie médicale et chirurgicale, mais il n'y avait aucun programme officiel et les professeurs étaient libres d'aborder les sujets de leur choix et d'y consacrer le temps qu'ils estimaient utile. Les auditeurs pouvaient assister à de véritables leçons délivrées par de grands enseignants connaissant parfaitement leur sujet. L'enseignement délivré par la faculté n'avait pas d'intérêt pour la préparation de l'internat qui se déroulait à l'hôpital, en petits groupes « coachés » par des internes.

En cinquième année, l'enseignement de la faculté traitait de matières qui ne figuraient pas au programme du concours d'internat : médecine légale, médecine du travail, hygiène, thérapeutique et hydrologie. Ceux qui, comme moi, préparaient le concours d'internat se débrouillaient pour récupérer et photocopier les cours d'un étudiant assidu, afin d'éviter d'être recalés à la fin de l'année. Durant cette cinquième année, le seul cours auquel j'ai assisté traitait du viol en médecine légale. Le professeur de l'époque s'appelant L'Épée, il est facile d'imaginer la finesse des plaisanteries et le chahut qui marquaient cette séance. Heureusement, les ligues féministes n'étaient pas encore assez développées pour s'indigner de nos plaisanteries sexistes et machistes.

Lorsque nous avions validé la cinquième année, nous pouvions solliciter une licence de remplacement auprès de l'ordre des médecins et remplacer des médecins généralistes.

Cette absence de fréquentation de la faculté pendant les dernières années avait provoqué la boutade d'un patron parisien, chirurgien réputé, qui avait proposé une réforme de la faculté en deux articles ; article un : la faculté est supprimée, article deux : l'enseignement continue comme par le passé. En effet, à cette époque, il était considéré plus important de préparer le concours d'internat à l'hôpital que de fréquenter la faculté.

Au lieu de passer mes après-midis à la faculté, je commençais à constituer mon dossier d'internat, c'est-à-dire à rassembler les documents traitant les questions inscrites au programme du concours. Le concours d'internat comportait alors un écrit anonyme et, pour ceux qui étaient admissibles, un oral. Le programme de l'écrit comportait quatre épreuves : pathologie chirurgicale, pathologie médicale, anatomie, physiologie. L'oral était une épreuve redoutable. Chaque jour, dans une salle de l'hôpital Saint-André, le jury tirait les noms de dix candidats dont neuf étaient enfermés dans une salle. En présence du dernier candidat, il était procédé au tirage au sort d'une question de pathologie médicale et d'une de pathologie chirurgicale. Le candidat allait alors dans une salle surveillée préparer les sujets pendant trente minutes, avant de venir les exposer au jury. Celui-ci était installé derrière une table faisant face au candidat assis à une petite table au milieu de la salle. La séance était publique, les curieux étant installés derrière le candidat. Le président réglait un chronomètre à dix minutes et donnait la parole au candidat qui avait intérêt à parler fort, avec un débit très rapide et une bonne diction, et devait s'arrêter impérativement au moment de la sonnerie. Autrement dit, le candidat avait intérêt à savoir toutes les questions de pathologie par cœur. Pendant que le candidat planchait, un autre avait été extrait de l'isolement et mené dans la salle de préparation et ainsi de suite. Après le dernier candidat et une courte délibération, le président du jury proclamait les notes et il fallait attendre la fin des séries d'oral avant de connaître les résultats du concours. À cette époque, seuls les externes pouvaient concourir et un candidat sur vingt pouvait espérer accéder à la fonction d'interne des hôpitaux. Le concours d'internat nécessitait un travail intense pendant parfois plusieurs années, car il était rare d'être reçu à la première tentative. Afin de s'entraîner en vue de l'oral, il était indispensable de suivre une conférence d'internat organisée par un binôme d'internes en médecine et en chirurgie. Un soir par semaine, nous pouvions ainsi exposer une question devant des collègues et sous la critique d'un interne.

Deuxième année d'externat

Mon troisième stage s'est déroulé en obstétrique. Il y avait deux maternités dans l'hôpital Pellegrin, vaste ensemble pavillonnaire situé en bordure du boulevard extérieur, proche du stade bordelais. Le service que j'avais choisi était dirigé par un catholique intégriste père de onze enfants. L'autre maternité était dirigée par son gendre. Le service avait essentiellement une activité obstétricale. La gynécologie était très peu représentée. En particulier, les avortements clandestins qui nécessitaient un curetage pour évacuer tout ou partie de l'œuf et des caillots étaient adressés dans les services de garde de chirurgie. En effet, le patron était un farouche adversaire de l'avortement. J'ai le souvenir d'une jeune femme hospitalisée pour une menace de fausse couche qui était, en fait, un avortement clandestin à moitié raté. Il était évident que l'œuf était mort, mais le patron avait fait appliquer de la glace sur le ventre avant de déclarer, d'un air jésuite, à la famille qu'il allait tenter de sauver l'enfant alors que personne n'était dupe des manœuvres abortives. Le curetage fut pratiqué après trois jours d'attente, au risque de laisser se développer une infection et de perforer un utérus fragilisé.

Les externes du service étaient considérés comme quantité négligeable par le patron. Leur rôle officiel consistait à pratiquer un toucher vaginal de sortie à toutes les parturientes afin de vérifier si l'utérus avait bien repris une taille normale, si les pertes étaient peu abondantes et si le col était fermé. Bien entendu, celui qui avait dans son secteur les chambres réservées au secteur privé du patron avait interdiction d'introduire ses doigts dans le vagin des bourgeoises. L'un de mes collègues l'apprit à ses dépends. En effet, lors de la visite, le patron entra dans une chambre privée avec la maîtresse sage-femme de l'étage, le reste de l'aréopage restant pudiquement à l'écart de la cliente privée et, par la porte entrebâillée, nous eûmes la surprise d'entendre la dame dire au patron : « mais, monsieur le professeur, on m'a déjà examinée ce matin ». Le « on » fut vite identifié et tancé par celui qui était théoriquement censé lui enseigner les joies de l'obstétrique. Du reste, à part le suivi de la visite qui n'avait que peu d'intérêt, nos contacts avec le patron étaient réduits au minimum. Une fois, l'un d'entre nous se risqua à tenter d'assister à l'un de ses accouchements (il s'agissait bien entendu d'une cliente privée) et se fit éjecter sans ménagements.

Heureusement, il y avait deux autres médecins, dans ce service, qui faisaient de l'enseignement aux externes. L'agrégé était un brave homme d'une cinquantaine d'années qui nous enseignait l'obstétrique pendant ses visites. Il redoutait les réactions de son patron et, lorsque j'ai été plus à l'aise avec les maîtresses sages-femmes, l'une d'elles m'a appris que l'agrégé signalait d'un point rouge la prescription de contraceptif oral sur la fiche de ses patientes de peur que le patron ne l'apprenne. En 1966, en effet, les premières pilules commençaient à apparaître et leur prescription était encore prudemment réservée à des cas particuliers. Il faut préciser que le dosage des premières pilules était beaucoup plus élevé qu'actuellement et les effets secondaires plus marqués et, surtout, encore mal connus. Les externes du service auraient aimé avoir un cours sur les méthodes de contraception, en particulier sur la pilule contraceptive, afin d'en savoir un peu plus que les magazines féminins qui en parlaient régulièrement. À la fin d'une réunion de service, je pris mon courage à deux mains et je demandai au patron s'il accepterait de nous faire un enseignement sur la contraception et, en particulier, sur la pilule.Il me répondit qu'il avait mieux à faire qu'à s'intéresser à de telles bêtises.

L'autre médecin du service était un vieil accoucheur installé en ville qui assurait régulièrement des vacations à la maternité. Avec lui, j'ai appris à faire des délivrances manuelles lorsque le placenta ne s'expulsait pas spontanément.

Pour apprendre à pratiquer des accouchements, les externes de la maternité devaient s'adresser aux sages-femmes. La majorité des accouchements normaux étaient gérés par les maîtresses sages-femmes qui formaient à l'accouchement les élèves sages-femmes et les externes du service. Les médecins n'intervenaient que pour les accouchements dystociques qui nécessitaient une extraction par forceps ou une césarienne. Pour tous les actes nécessitant une anesthésie de brève durée, extraction par forceps ou révision utérine, la maîtresse sage-femme se chargeait de l'anesthésie qui était pratiquée au masque grillagé protégé par une compresse, sur laquelle on versait un agent volatil (le Vinether). On n'appelait un anesthésiste que lorsqu'une césarienne était nécessaire. Il n'y avait pas d'anesthésiste attaché à la maternité et habituellement il en venait un de l'hôpital des enfants qui devait traverser une bonne partie de la ville. L'obstétrique de cette époque était encore quelque peu rudimentaire. Il n'y avait pas de monitorage électronique comme actuellement. La détection d'une souffrance du fœtus se faisait par l'auscultation régulière des bruits du cœur. L'échographie n'existait pas et l'extraction du fœtus réservait encore parfois des surprises, comme la découverte d'une malformation ou la présence d'un jumeau non diagnostiquée pendant la grossesse. La pratique de l'épisiotomie, décriée par les mouvements féministes actuels, était très fréquente et nul ne pensait avoir à en informer la parturiente. Les nombreuses épisiotomies m'ont permis d'apprendre à les réparer correctement avec les conseils des maîtresses sages-femmes. Mon passage de six mois à la maternité m'a servi plus tard, lors de mes remplacements en médecine générale, car j'ai eu à effectuer des accouchements en clinique ou en hôpital rural, et même, une fois, dans une ferme de la Creuse.

Au semestre suivant, je choisis le service de dermatologie situé dans un autre pavillon de l'hôpital Pellegrin. Le chef de service s'appelait Le Coulant (ça ne s'invente pas). L'activité des externes se partageait entre le service d'hospitalisation et la consultation du patron qui se déroulait en centre-ville, à l'hôpital Saint-André. La visite du patron en hospitalisation avait lieu deux fois par semaine. En effet, la majorité des patients étaient, en fait, suivis en consultation, et seuls ceux qui avaient des maladies graves étaient hospitalisés. Le service d'hospitalisation était de fait dirigé par la surveillante, mademoiselle Roux, une personne de corpulence imposante, mesurant au moins un mètre quatre-vingt et arborant une moustache bien fournie. Elle était dans ce service depuis plus de vingt ans et faisait régner la loi par la terreur qu'elle inspirait au personnel et aussi, dans une certaine mesure, aux externes. Du reste, elle ne leur adressait pas la parole, sauf pour leur ordonner de pratiquer une prise de sang aux patients qui en avaient besoin. Cette femme avait, en fait, une grande expérience de la dermatologie et elle débutait le traitement de tout patient hospitalisé sans solliciter d'autre avis que le sien. Les visites étaient intéressantes et souvent assez amusantes. Le patron, qui était un homme très cultivé et urbain, marchait en tête, accompagné de celle que nous appelions tata Roux entre nous. Derrière eux, venait l'agrégé du service auquel tata Roux ne daignait jamais adresser la parole, puis suivaient les étudiants de la spécialité, les internes et les externes. Très souvent, nous assistions à des discussions entre le patron et sa surveillante au sujet du diagnostic et du traitement d'un patient et, parfois, celle-ci contestait ouvertement le diagnostic du patron et défendait le traitement qu'elle avait mis en route de son propre chef. Si l'agrégé cherchait à s'immiscer dans ce colloque singulier, il ne parvenait qu'à s'attirer de la part de tata Roux un regard méprisant. Parfois, la visite réservait des scènes surprenantes. Je me souviens d'une patiente couverte de lésions qui laissaient perplexe le patron et même la surveillante. Lors de chaque visite, des discussions sans fin avaient lieu devant elle pour caractériser la forme particulière de ce qui pouvait être un lichen. Le patron examinait les lésions à la loupe, certains des étudiants de spécialité qui suivaient la visite grattaient les lésions. Le spectacle était incroyable, car cette malheureuse, qui était loin de ressembler à une pin-up, avait conscience d'être le centre d'intérêt de toute la troupe médicale. Elle attendait la visite complètement nue sous les draps et, dès que nous entrions dans sa chambre, elle se mettait debout dans son lit et offrait passivement sa peau aux palpations, examens et grattages des divers participants.

À cette époque, la syphilis était encore une maladie répandue, avant de connaître un déclin puis une résurgence avec le SIDA. Bordeaux étant un port, j'ai eu l'occasion de voir des chancres, en particulier chez les marins de passage qui avaient contracté la maladie dans quelque bordel lointain. Le patron palpait ces chancres sans mettre de gants, aussi évitions-nous de lui serrer la main en le quittant. Je me rappelle une jeune femme de 18 ans, enceinte de six mois, dont le compagnon était en prison, qui avait été adressée dans le service pour une varicelle alors que les papules d'aspect cuivré qu'elle avait sur tout le corps étaient en fait des syphilides témoignant d'un stade secondaire, donc déjà évolué, de la maladie. La malheureuse entrait dans sa vie d'adulte de bien triste façon.

En dehors des deux visites hebdomadaires dans le service, le patron assurait sa consultation et les externes y assistaient et servaient en même temps de scribes pour rédiger les ordonnances sous sa dictée. La consultation était intéressante, car elle permettait d'observer toutes les lésions dermatologiques qui se présentent en médecine de ville. Les ordonnances du patron étaient souvent très longues, car elles comportaient des préparations magistrales, très nombreuses à l'époque. Le jeudi matin était synonyme de corvée pour les externes qui devaient traiter les verrues des enfants (d'où le jeudi) à l'aide d'applications d'azote liquide, sous la surveillance vigilante de tata Roux qui s'assurait du sérieux de nos traitements.

Pendant mon semestre, j'ai assisté à une manifestation qui existait également à l'hôpital Saint-Louis de Paris et qui a été dénoncée, des années plus tard, dans le journal *Le Monde* par la journaliste et interniste Claire Brisset. Le congrès de dermatologie se déroulait à la faculté, mais aussi dans le service. À cet effet, tous les patients atteints d'affections courantes étaient sortants et remplacés par des patients suivis pour des maladies rares ou graves, convoqués pour le congrès et hospitalisés pendant sa durée. Au pied de chaque lit, un carton décrivait les lésions, le stade et le nom de la maladie. Il y avait là des patients de tous âges, certains atteints de maladies au pronostic fatal à plus ou moins brève échéance, comme des sclérodermies (maladie dans laquelle la peau devient progressivement scléreuse, perdant toute élasticité et menant, entre autres, à des difficultés respiratoires croissantes), ou diverses collagénoses, maladies graves ayant, à cette époque, peu de traitements efficaces. Les externes du service étaient chargés d'accueillir les congressistes et de les guider vers les patients atteints de la pathologie qu'ils souhaitaient voir. Certains congressistes demandaient aux patients l'autorisation de toucher leurs lésions, d'autres faisaient des photographies. L'impression d'ensemble était celle d'un musée…ou d'un zoo.

Six mois dans ce service m'avaient convaincu que la dermatologie était une spécialité complexe et que, très souvent, les affections de la peau étaient en rapport avec des affections relevant de la médecine interne. Spécialité extrêmement variée, la dermatologie nécessitait une culture médicale que j'étais encore loin de posséder ; néanmoins, après ces six mois, j'étais prêt à signer pour cette spécialisation. La suite allait me montrer que chaque spécialité comportait des attraits pour un jeune futur médecin et que le choix d'une discipline comportait une grande part de hasard. Au stade où en était ma formation, il me paraissait important d'acquérir le plus grand nombre de compétences et, surtout, d'accéder à l'internat. Mon dossier était déjà bien avancé et tous mes loisirs étaient consacrés à ingurgiter les matières du concours qui avait lieu habituellement en juin. Cette année-là, je me suis présenté pour me rendre compte des difficultés, n'ayant aucune chance d'accéder à l'oral.

Troisième année d'externat

Après mon passage en dermatologie, au choix suivant, un poste d'interne était vacant dans un grand service de médecine interne à orientation digestive, celui de Fernand Joseph Traissac, à l'hôpital Saint-André. Il s'agissait d'un poste que les internes avaient laissés vacant lors de leur choix qui précédait celui des externes. Mon ancienneté en tant qu'externe de troisième année me permettait de prétendre à ce poste en faisant fonction d'interne pendant un semestre, mais ce choix signifiait que les prochains mois allaient être très lourds sur le plan hospitalier et que le temps consacré à la préparation du concours d'internat serait beaucoup plus faible que celui de mes concurrents. Cependant, j'avais là une possibilité de formation exceptionnelle et mon salaire, bien qu'un peu inférieur à celui d'un interne titulaire, environ mille francs par mois (deux cent cinquante francs pour un externe), me permettrait de vivre plus à l'aise avec ma future épouse qui était boursière (deux cent cinquante francs par mois).

Le service comportait trois salles, 13, 15 et 14. Je fus affecté à la salle des hommes, salle 13. La salle 15 était réservée aux femmes et comportait plus de chambres à un ou plusieurs lits alors que celle des hommes était une salle commune d'une trentaine de lits avec quatre boxes individuels. La salle 14 était confiée au professeur Claude Béraud, brillant agrégé du service qui entretenait des rapports tendus avec le patron. À côté de l'entrée de ma salle 13, se trouvait un petit secrétariat. La jeune secrétaire assurait en particulier les tâches correspondant à la chaire de thérapeutique dont le patron était titulaire.

Le fond de la salle débouchait sur un petit local, pourvu d'un négatoscope, qui servait aux discussions lors de la visite. Contigu à cette salle, se situait un petit laboratoire d'anatomie pathologique que le patron avait confié à sa belle-fille qui se préparait à cette spécialité. Les prélèvements effectués dans le service étaient partagés entre ce laboratoire et le service central d'anatomie pathologique de l'hôpital.

J'étais le seul « interne » pour la salle, aidé par quelques externes qui se partageaient la trentaine de lits. Un chef de clinique passait rapidement matin et soir pour faire un tour et s'assurer que je n'avais pas de problèmes. Ce chef de clinique avait la réputation, dans tous les services de l'hôpital, d'avoir une personnalité particulière, confinant pour beaucoup à la folie, simulée ou non. Ce personnage avait l'ambition de devenir agrégé et avait à l'égard du patron qu'il appelait ostensiblement « Maître » une attitude obséquieuse, ne reculant devant aucune flatterie. La responsable infirmière de la salle, qui occupait la fonction de surveillante, était une religieuse qui, par chance, avait une intelligence vive et un caractère agréable, ce qui était loin d'être le cas de bon nombre de ses consœurs qui, à cette époque, régnaient sur la plupart des services hospitaliers. La sœur ainsi que l'équipe d'infirmières appréciaient peu le chef de clinique et ne le cachaient pas. Il faut dire que son attitude à l'égard des patients était choquante, souvent grossière et parfois scandaleuse. Ainsi, un gastro-entérologue d'un département voisin, souhaitant apprendre à pratiquer des biopsies du foie, venait périodiquement dans le service dans ce but. Je ne souhaitais pas lui confier ces gestes qui comportaient un risque pour les patients et je lui répondais qu'aucun patient n'avait besoin d'une biopsie. Lorsque le chef de clinique arrivait sur ces entrefaites, il se plaçait à l'entrée de la salle commune et désignait un patient au hasard qui avait droit à sa biopsie, même si aucune pathologie ne justifiait cet acte. À l'époque, la biopsie hépatique se pratiquait à l'aiguille en fonction de repères anatomiques externes. L'échographie n'existait pas, donc c'était un geste aveugle qui, on s'en doute, pouvait engendrer des accidents graves. La sœur surveillante, consciente de ces entorses à l'éthique médicale était furieuse. J'ai vu le chef de clinique, lors de l'examen d'un patient atteint d'un cancer du foie, lui demander sur le ton de la plaisanterie s'il avait une maison à vendre en viager. Une telle attitude déclencherait un scandale de nos jours alors que, à cette époque, les patients n'osaient pas protester contre certaines dérives médicales. Les patients acceptaient des conditions d'hospitalisation inhumaines, dans des salles communes où l'on mourait en public, isolé par un simple paravent dont la mise en place annonçait l'évènement à tous les patients, y compris à l'intéressé.

Le travail de l'interne était très lourd, car la rotation des patients était rapide et il fallait accueillir dix à douze nouveaux malades chaque jour. Il fallait, bien entendu, assurer au moins deux fois par semaine le courrier aux médecins des sortants, courrier relu et contresigné par le patron. La lettre au médecin devait résumer l'hospitalisation, apporter au médecin traitant des informations détaillées et comporter des éléments d'enseignement pour le généraliste. Enfin, le médecin devait recevoir des conseils thérapeutiques et des consignes utiles pour le suivi de son patient. Le courrier devait être particulièrement soigné, didactique et rédigé en bon français, si on voulait éviter les remontrances du patron qui attachait une importance maniaque à l'image que cet acte donnait de son service.

Le patron exerçait à temps partiel à l'hôpital, passant le reste de son temps dans son cabinet situé dans le riche quartier des Chartrons et assurant également son enseignement universitaire. Le Professeur Traissac était un homme cultivé, catholique convaincu, père de onze enfants, la plupart médecins. Pendant la visite, il émettait un certain nombre d'aphorismes tirés de son expérience, connus de tous ses élèves et il citait souvent des passages des évangiles. La visite du patron avait lieu deux fois par semaine dans ma salle et deux fois dans la salle 15. Une matinée dans la semaine était consacrée à la grande réunion de service où étaient discutés des cas difficiles et où le patron et les chefs de clinique présentaient une question de pathologie ou de thérapeutique. Le même cérémonial rythmait invariablement la visite. Le patron voyait trois ou quatre patients dont le dossier était complet, le diagnostic porté et un traitement mis en route. Autour du lit, se rassemblaient le chef de clinique, l'interne (faisant fonction de), les externes et les étudiants stagiaires. L'externe lisait au patron son observation clinique, l'interne complétait l'observation par des précisions concernant l'examen clinique et l'évolution du patient depuis son admission. Le chef de clinique ajoutait des commentaires lorsqu'il connaissait le malade, ce qui n'était pas toujours le cas. Le patron posait alors des questions au patient et l'examinait. Puis, tout le monde gagnait la petite salle du fond pour entendre l'avis du maître. Le patron jouait le jeu et émettait une ou plusieurs hypothèses diagnostiques tirées uniquement de l'examen clinique et argumentées. Ensuite, il demandait les examens complémentaires qu'il estimait nécessaires à l'établissement d'un diagnostic plus précis et les interprétait devant nous. Si certains examens demandés par le patron manquaient au dossier, l'interne et le chef de clinique étaient priés de se justifier. Enfin, le traitement prescrit était exposé par l'interne et critiqué, si besoin, par le patron qui terminait par des conclusions générales sur le malade, son affection et son pronostic. Lorsque le patron avait vu les patients les plus complexes, il faisait le tour de la salle, saluait les autres patients, jetait un coup d'œil aux pancartes accrochées au pied des lits, posant quelques rapides questions à l'interne. Le chef de clinique qui passait beaucoup de temps à flatter son maître avait compris que le patron était parfois contrarié lorsque les examens qu'il aurait souhaités étaient absents du dossier. Aussi, chaque fois qu'il faisait le tour de la salle avec l'interne ou la religieuse, il prescrivait pour chaque patient le maximum possible d'examens, biologique, radiologique et isotopique, afin d'être en mesure de répondre à toute demande du patron. Les examens invasifs ne le rebutaient pas, même si leur utilité ne paraissait pas évidente. C'est ainsi que le service avait acquis, dans la communauté médicale, la réputation de prescrire une débauche d'examens complémentaires d'un coût par patient des plus élevés.

Assez rapidement, au bout du premier mois de fonction, j'avais acquis l'estime du patron qui jugeait mon travail sérieux et efficace. Il faut dire que je passais mes journées, du petit matin au soir, dans le service et que j'assurais les visites du samedi soir, du dimanche matin et souvent du dimanche soir. Je m'entendais bien avec mes collègues externes, avec le personnel soignant et avec la religieuse. La religieuse partageait la méfiance et le peu d'estime que j'avais à l'égard du chef de clinique de ma salle. Très rapidement, elle vint me trouver systématiquement avec le cahier de prescriptions d'examens afin que j'annule les demandes non justifiées par l'état des patients. Fernand Joseph Traissac était un patron à l'ancienne, mandarin respecté de tous les membres de son service quel que soit leur grade. Il valait mieux être aimé du patron, ce qui n'excluait pas de sévères réprimandes qu'il justifiait en vous disant qu'il ne vous ferait aucune critique s'il vous jugeait incapable de vous améliorer.

Lorsque le service était assez calme, j'allais voir, et si possible, aider le chef de clinique de la salle 15 qui pratiquait les endoscopies et les laparoscopies du service au bloc opératoire. Ce chef de clinique était un enseignant remarquable, mais il savait que ses chances d'être nommé agrégé étaient nulles, car il avait un caractère bien trempé et s'exprimait sans détour sur les sujets qui pouvaient fâcher car « politiquement incorrects ». Assez rapidement, j'ai sympathisé avec lui et il m'a appris à faire les laparoscopies. Cet examen consistait à introduire un endoscope dans l'abdomen, sous anesthésie locale, après avoir insufflé de l'air dans le péritoine. On pouvait ainsi voir le foie et effectuer des biopsies des lésions avec un faible risque et une meilleure précision. En plaçant la patiente en position déclive, on était en mesure d'examiner également l'utérus et les ovaires. Il était possible de prendre des photos afin de les discuter avec les médecins et d'alimenter les publications du service.

L'endoscopie se limitait à la gastroscopie. Le gastroscope était un instrument semi-rigide dont l'introduction sans anesthésie, chez un patient couché sur le côté, nécessitait une extension extrême de la tête qui rappelait la position d'un avaleur de sabre. En plus, l'instrument n'était pas d'un maniement facile et ne permettait qu'une vue très limitée de la paroi de l'estomac.

La fibroscopie souple et la coloscopie par fibres optiques n'avaient pas encore été mises au point par les Japonais. Il était très difficile de faire accepter aux patients une deuxième gastroscopie, car l'examen leur laissait de très mauvais souvenirs. Au bout de quelques mois, je pus pratiquer la laparoscopie seul et remplacer le chef de clinique lorsqu'il lui fallait s'absenter. L'endoscopie par voie basse se limitait à la rectoscopie. Cet examen était confié à un proctologue installé en ville qui avait une vacation hebdomadaire dans le service et un sale caractère.

À cette époque, j'ai commencé à pratiquer de nombreuses autopsies. J'avais appris la technique dans deux numéros de *La revue du praticien* qui comportaient une iconographie très claire. À cette époque, il était autorisé de pratiquer les autopsies dites scientifiques sans demander l'autorisation des familles ni même les informer. Seules les autopsies de patients juifs ou musulmans étaient interdites à l'hôpital, en raison des rites funéraires particuliers de ces religions qui risquaient d'entraîner des complications pour l'administration.

Grâce à cette pratique, j'alimentais régulièrement le laboratoire de la belle-fille du patron. Je faisais même les autopsies des patientes de la salle 15, car ma collègue, interne titulaire de cette salle, était enceinte de quelque six mois et cette pratique renforçait les nausées en rapport avec son état. Lorsqu'il fallait prélever le cerveau, l'examen anatomo-pathologique de l'organe avait lieu au centre neurologique Abadie, proche de l'hôpital des enfants. Dans ces cas, je transportais l'organe dans un seau de formol fermé par un couvercle étanche. Ma future épouse tenait le seau entre ses genoux pour qu'il ne se renverse pas dans ma voiture, et nous nous arrêtions place de la Victoire pour déjeuner au restaurant universitaire avant la livraison au laboratoire. La pratique des autopsies a été pour moi une source irremplaçable de compréhension des pathologies rencontrées dans le service. Cette pratique m'a également appris la modestie et l'humilité lorsqu'elle révélait des erreurs diagnostiques ou thérapeutiques qui seraient restées ignorées sans cela.

Notre patron avait des travers que nous connaissions tous et qu'il convenait de respecter. En particulier, il se sentait capable de détecter sur les radiographies digestives des lésions que personne d'autre ne voyait. Lorsqu'un patient entrait dans le service pour une hémorragie digestive, on l'envoyait en radiologie pour pratiquer des radiographies gastriques en urgence. Le patient devait ingurgiter pour ce faire une bonne quantité de liquide opaque aux rayons X, ce qui était parfois sportif, car il avait une propension à vomir du sang et du liquide de contraste lorsqu'on le mobilisait pour obtenir des clichés dans diverses incidences. Cette pratique a disparu dès que la fibroscopie souple est venue simplifier le diagnostic.

Le patron examinait soigneusement les clichés et finissait par désigner une image suspecte ou une lésion que personne n'avait vue. En effet, ce genre d'examen était rendu d'interprétation difficile à cause de l'état peu coopératif du patient et de la présence de sang et de caillots dans l'estomac. Lorsque le patron s'était ainsi engagé, il restait à appeler notre chirurgien qui était un chef de clinique, ancien navalais (militaire de l'école de Santé Navale) qui espérait échapper à l'armée grâce à une agrégation civile. Bien entendu, si le patient pouvait attendre, il était opéré pendant la nuit, après le programme de chirurgie réglée. C'est ainsi que j'ai passé pas mal de nuits à tenir les écarteurs au bloc opératoire. En effet, le lendemain matin, le patron, qui n'avait rien oublié, ne manquait pas de passer nous voir pour savoir ce que le chirurgien avait trouvé et quel type d'intervention avait été réalisée. Il faut avouer que le patron avait un bon coup d'œil pour interpréter les clichés et il tenait à vérifier s'il avait eu raison. Il valait mieux être bien informé et il était hors de question d'arguer que l'opération s'était déroulée à une heure tardive.

Certains travers du patron étaient du domaine de la thérapeutique. C'est ainsi qu'il prétendait que la teinture de semences de colchiques était plus efficace pour traiter l'accès de goutte que la colchicine produite par l'industrie. Il justifiait sa position en affirmant qu'il y avait dans la teinture d'autres alcaloïdes actifs. Je me souviens avoir hospitalisé un patient qui avait une crise de goutte très douloureuse. Cet homme avait une goutte ancienne avec de volumineux tophi[3] au niveau des oreilles et des doigts.

Connaissant la lubie du patron, je lui prescrivis la dose maximale de teinture de semences de colchiques. Je suppose que notre service devait être le seul à commander cette préparation au pharmacien. Au bout de deux ou trois jours, le patient n'allait pas mieux et je demandai au rhumatologue attaché au service de passer le voir. Bien entendu, cet ancien chef de clinique installé en ville, connaissant bien le patron, me dit de passer à la colchicine, ce que je fis en me disant que je ferais en sorte de ne pas le faire savoir. Le patient allait mieux au bout de quelques jours et j'envisageais de le faire sortir. Malheureusement, le jour de la visite, le patron l'aperçut de loin et, bien entendu, ayant fait le diagnostic, vit la pancarte sur laquelle on avait remplacé la teinture par la colchicine. Je fus sur le champ accusé de trahir mon maître. Mais il ne m'en tint pas rigueur, car il avait compris que son attaché était passé par là et il n'était pas dupe du jugement ironique que ses plus jeunes collaborateurs portaient sur ses petites manies.

---

3. Dépôts d'acide urique réalisant des pseudotumeurs lorsque la goutte est ancienne. Ces tophi sont le plus souvent localisés au bord externes des pavillons des oreilles et aussi au niveau des doigts et des orteils.

Le CHU de Bordeaux était le référent des Antilles françaises dont il accueillait les patients les plus graves ou nécessitant des soins lourds. C'est ainsi que le service a reçu un jeune adolescent de 14 ans venant de Fort-de-France pour une tumeur médiastinale[4] découverte par la présence de signes compressifs modérés. Ce jeune homme était de petite taille, ressemblant plus à un enfant qu'à un adolescent. Je ne me souviens que de son prénom, Daniel, et de sa tristesse d'arriver seul, dans une ville et un hôpital inconnus. En plus d'être très beau, il était timide et extrêmement gentil, aussi, la sœur et les infirmières l'adoptèrent immédiatement. Il séjourna quelques semaines dans le service, et aussi bien la sœur que moi, nous fermions les yeux sur ses séjours parfaitement illégaux chez les infirmières qui l'emmenaient chez elles pour les week-ends. Il subit des examens radiologiques puis une biopsie chirurgicale qui révéla un sarcome de très mauvais pronostic. Il repartit chez lui, confié à la consultation régulière du centre anticancéreux de Bordeaux dans les Antilles. Après son départ, il m'adressa une lettre amicale que j'ai gardée. J'ai souvent pensé à ce malheureux enfant qui est certainement mort rapidement dans des conditions peu agréables.

Pendant ces six premiers mois de fonction d'interne, je passais toutes mes journées dans le service et je m'efforçais de préparer le concours d'internat en travaillant le soir et la nuit, jusqu'à deux heures, ce qui me laissait cinq heures de sommeil.

---

4. Tumeur située dans la partie médiane du thorax derrière le sternum.

À l'issue de ce semestre, les deux postes furent choisis par des internes titulaires et j'avertis le patron de mon départ probable. Fernand Joseph Traissac, qui me témoignait une certaine affection, me demanda quel était mon salaire en tant qu'externe et me demanda de rester sur un poste d'externe, la secrétaire universitaire recevant la consigne de compléter mon salaire tous les mois jusqu'au niveau de celui d'un interne provisoire. Grâce à cet arrangement, il y aurait trois internes dans le service et je serais affecté à la salle 14, avec le professeur Béraud comme patron et le docteur Gratadour comme chef de clinique des deux salles 14 et 15. Cet arrangement me convenait sur le plan matériel, mais m'empêchait, malgré un travail acharné, de suivre une conférence d'internat et donc de subir l'entraînement régulier des autres candidats.

Nous étions en 1967 et j'allais valider ma cinquième année de médecine au mois de juin, après quelques semaines de bachotage grâce aux cours d'un ami qui fréquentait la faculté. Malgré mon peu d'assiduité aux cours, je fus reçu à toutes les matières, sauf à la médecine légale. J'avais pourtant, comme mes voisins, recopié consciencieusement la formule du certificat prénuptial déclamée *mezza-voce* par un sachant proche de nous ; malheureusement, nous avons tous oublié de dater notre document et nous avons été une dizaine à repasser en septembre. Parmi les épreuves, il y avait l'hydrologie qui nécessitait la présence bienveillante d'un voisin qui avait assisté au cours. Inutile de préciser que mes notes étaient suffisantes pour atteindre la moyenne, mais trop faibles pour avoir droit au voyage organisé tous les ans pour les meilleurs étudiants et le professeur titulaire de la chaire, et largement subventionné par des municipalités de villes d'eau, trop heureuses de s'attirer la sympathie de futurs prescripteurs de cures thermales.

La salle 14 était dépourvue de religieuse. Les infirmières formaient une équipe soudée qui fut heureuse de m'accueillir, car elles allaient avoir un interne uniquement pour leurs patients et n'auraient plus besoin de chercher celui qui était affecté aux deux salles avant mon arrivée. Le chef de clinique, avec lequel je m'entendais bien, passait tous les jours pour parler des patients et voir ceux qui posaient problèmes. Le professeur Béraud était souvent à l'hôpital cardiologique du Tondu où il pratiquait des artériographies du foie et du tube digestif. Il s'agissait d'une technique d'exploration récente et d'avant-garde. Malgré l'enseignement et ses occupations en cardiologie, il effectuait plusieurs visites de son service par semaine. Le professeur Béraud séchait assez souvent la réunion hebdomadaire du service, ce qui avait le don d'irriter le patron.

Le recrutement du service était varié et associait la médecine interne et les maladies hépatiques et digestives. Claude Béraud avait des conceptions thérapeutiques très différentes de celles du patron et les exprimait sans détour. Ainsi, Fernand Joseph Traissac préconisait de traiter l'hépatite virale à l'aide de corticoïdes, alors que son agrégé affirmait que ce traitement était sans efficacité mais pas sans risque, puisque la maladie évoluait le plus souvent vers la guérison spontanée et que la cortisone n'empêchait pas les complications de se manifester. Claude Béraud avait raison sur ce point et sur bien d'autres. Grâce à lui, j'ai appris à douter et à fonder mes actes sur des bases scientifiques solides. Claude Béraud se battait, par son enseignement universitaire et postuniversitaire, contre les prescriptions de médicaments et la pratique d'examens complémentaires inutiles, onéreux et parfois dangereux. Il était un des rares à s'intéresser à l'économie de la santé. Plus tard, alors que j'étais chef de service, il m'a contacté pour travailler à ses côtés lorsqu'il a été nommé médecin chef national de la Sécurité sociale. Il pensait pouvoir continuer la lutte pour une rationalisation de la thérapeutique, mais il se heurta au lobby de l'industrie qui finit par avoir sa peau auprès des politiques et il fut remercié au bout de quelques mois.

Mon passage d'un an dans ce service m'a donné un aperçu du métier de médecin des hôpitaux et m'a convaincu que c'était la voie à suivre pour satisfaire mes aspirations. Malheureusement, l'intensité de mes activités hospitalières m'a empêché d'être reçu au concours d'internat du mois de juin. En effet, je travaillais toutes les nuits jusqu'à une heure tardive et tous les dimanches, mais je n'avais pas le temps de fréquenter une conférence d'internat. Grâce à mon acharnement, je fus reçu à l'écrit du concours, mais l'oral auquel je ne m'étais pas préparé sérieusement fut catastrophique. Cette année-là, mon ancien patron de réanimation, le professeur Castaing siégeait au jury, mais après la séance d'oral, il me dit en souriant qu'il n'avait pas osé dire qu'il me connaissait !

Pendant un an, j'avais exercé une fonction d'interne dans un service rattaché à la chaire de thérapeutique. À cette époque, l'enseignement de la thérapeutique occupait la cinquième année universitaire. Beaucoup de médicaments n'existaient pas encore. Ainsi, les diurétiques étaient représentés par des dérivés du mercure, très toxiques pour le rein. Les médicaments modernes de cette classe étaient pour certains, comme le furosémide ou l'acide étacrynique, encore en expérimentation avant mise sur le marché et je les avais utilisés dans ce cadre. La saignée était encore souvent pratiquée en cas d'insuffisance cardiaque aiguë et j'ai vu poser des sangsues à certains patients en insuffisance cardiaque chronique, exercice dont les infirmières ne raffolaient pas.

La cortisone était apparue sur le marché depuis plusieurs années et largement utilisée dans de nombreuses affections, sans trop se préoccuper des effets adverses qui n'étaient pas encore suffisamment connus. C'était une des rares thérapeutiques à posséder des effets puissants et spectaculaires dans de nombreuses affections jusqu'ici rebelles.

Les affections malignes bénéficiaient, certes, des progrès de la chirurgie, de la radiothérapie et des premières chimiothérapies, mais le pronostic des tumeurs solides ou liquides était encore le plus souvent très sombre. Le service accueillait des patients et des patientes suivis par le chef de service d'hématologie pour une hémopathie maligne. En effet, il n'existait pas encore de services d'hématologie clinique, la discipline était exercée par des biologistes qui n'avaient pas de lits, mais assuraient la direction des laboratoires hospitaliers. Les leucémies que je surveillais sous la direction du professeur d'hématologie étaient traitées par chimiothérapie, mais le pronostic était très sombre, et peu de patients dépassaient une survie d'un an. Ces patients décédaient dans des tableaux de douleurs osseuses, de cachexie et d'hémorragies qu'on était impuissant à empêcher. En effet, la transfusion n'avait pas encore atteint sa sophistication actuelle et ne fournissait pas de produits dérivés comme les concentrés de plaquettes, le plasma frais congelé ou les fractions coagulantes. Nous en étions réduits à transfuser du sang total lorsque l'anémie devenait trop inconfortable et à administrer de la morphine à ces malheureux patients qui se savaient condamnés et avaient des douleurs osseuses souvent intolérables.

Quatrième année d'externat

Le fait d'avoir été admissible à l'internat me permettait de choisir mes deux derniers semestres avant les autres externes. Ainsi, j'allais pouvoir effectuer ma dernière année d'externat en occupant un poste d'interne provisoire dans un service de pneumo-phtisiologie de l'hôpital Xavier-Arnozan à Pessac, dans la banlieue de Bordeaux.

Mon patron, durant cette année, était le docteur Monmayou dont je cite le nom par reconnaissance, car j'ai eu la chance de connaître un homme admirable, un vrai médecin et un grand humaniste. Le patron était un homme au premier abord timide, qui vous accueillait avec modestie et vous expliquait gentiment qu'il comprenait que vous ayez choisi son service pour être plus tranquille pour préparer l'internat. Il ajoutait avec un petit sourire : « vous avez bien fait, car tous vos prédécesseurs ont été reçus au concours ». Ce discours de bienvenue avait surtout pour but de vous faire comprendre que, si le travail était moins lourd en raison de la durée de séjour des patients, en majorité tuberculeux, il était important de leur assurer une présence médicale suffisante et des soins attentifs. Pendant l'année que nous avons passée ensemble, j'ai toujours vu mon patron vêtu d'un costume trois pièces et d'une cravate noirs. C'était un homme réservé et même triste, veuf inconsolable, m'a un jour éclairé la religieuse du service. Il avait perdu sa femme, infirmière décédée des suites d'une tuberculose. La vie dans le service était plus tranquille que dans mes stages précédents. Tous les matins, les internes faisaient le tour du service et voyaient les patients, avant de passer la visite avec le patron et de lui présenter les malades qui avaient des problèmes ainsi que les entrants. Pendant la visite, nous examinions les résultats des examens radiologiques et biologiques des patients. La plupart étaient hospitalisés pour mettre en route un traitement antituberculeux. Lorsqu'ils étaient négatifs (absence de bacilles) à l'examen direct des crachats et que leur état général était satisfaisant, ils partaient finir leur traitement dans des sanatoriums comme celui de Cambo-les-Bains au Pays basque. Le service accueillait des patients chez qui la tuberculose venait d'être découverte, mais nous recevions également des patients porteurs de lésions tuberculeuses toujours actives dont le motif d'admission était une surinfection broncho-pulmonaire à germes banaux. En effet, ces patients avaient des lésions pulmonaires excavées et vivaient en bonne intelligence avec des bacilles tuberculeux multi-résistants aux antibiotiques antituberculeux connus. J'ai gardé le souvenir de certains de ces patients. Ainsi, une religieuse qui avait des bacilles multirésistants à l'examen direct venait régulièrement dès qu'une infection bronchique aiguë majorait son essoufflement habituel. Il était préférable d'éviter d'inhaler les bacilles qu'elle émettait ! Un autre patient vivait depuis longtemps avec des cavernes qui ne se refermeraient jamais. Ce patient, comme beaucoup de cet âge, avait développé une résistance aux médicaments antituberculeux, car il les avait reçus les uns à la suite des autres, dans l'ordre de leur apparition, ce qui était le meilleur moyen de développer la résistance. En effet, les médicaments disponibles en 1967 étaient principalement au nombre de trois qu'on associait : le PAS apparu le premier au cours de la Seconde Guerre mondiale, suivi par la streptomycine puis par l'isoniazide. L'éthambutol était le plus récent lorsque j'ai pris mes fonctions et on parlait de la rifamycine qui n'était pas encore disponible en France.

Les patients tuberculeux s'ennuyaient ferme pendant des hospitalisations qui pouvaient aller jusqu'à plusieurs mois. Les hommes jouaient aux cartes et malheureusement se mettaient souvent à boire malgré l'œil policier de la religieuse qui s'efforçait de combattre la contrebande de vin rouge. Les femmes s'occupaient souvent à des travaux d'aiguille et s'ennuyaient peut-être un peu moins. Une fois par semaine, une séance de cinéma était destinée aux patients. C'était l'occasion pour les hommes et les femmes de se rencontrer et, inévitablement, il en résultait parfois des liaisons hors mariage ou adultérines, sévèrement jugées par la religieuse. Ainsi, un matin, je me souviens que la bonne sœur attendait le patron, faisant les cent pas et montrant un fort courroux. Lorsque le chef de service arriva, la religieuse lui expliqua, d'un air scandalisé, que deux patients de sexe opposé se livraient à de coupables activités dans un coin isolé du parc. Le patron se montra très inquiet parce qu'il pleuvait abondamment et qu'il redoutait surtout que ces gens ne soient victimes d'une congestion pulmonaire. Au grand dam de la sœur, l'atteinte aux bonnes mœurs n'eut pas l'air de l'inquiéter.

Pendant l'une des visites, le patient qui avait des cavités chroniques et crachait des bacilles multi-résistants demanda au patron la permission d'aller au restaurant avec son épouse le prochain dimanche. L'autorisation lui fut accordée sans discussion. Une fois dans le couloir, les externes et moi-même firent remarquer au patron quel risque il venait de prendre au cas où, par exemple, un enfant contracterait une méningite avec les bacilles résistants de ce patient. Il nous répondit que notre service n'était pas une prison et que nous n'avions pas à enfermer des patients sous prétexte que certains citoyens refusaient la vaccination par le BCG pour eux-mêmes ou leurs enfants. De même, un peu plus tard, nous avons eu dans le service un jeune instituteur venant d'un village de Gironde pour une forme aiguë de tuberculose appelée une tuberculose miliaire à cause des images radiologiques pulmonaires formant des micronodules disséminés des deux côtés. Nous étions au mois d'août et le patient était sous traitement intra-veineux depuis un mois. L'examen de ses crachats était redevenu négatif comme c'est habituel dans cette forme d'atteinte. Je fis remarquer au patron que nous n'avions pas encore déclaré sa maladie à la direction de l'action sanitaire et sociale, comme la loi nous y obligeait. La réponse fut nette : il n'était pas question de faire cette déclaration, car le patient, instituteur, risquait d'être muté loin de son village par le rectorat qui voudrait ainsi empêcher une pétition des parents d'élèves au cas où la chose s'ébruiterait. Le secret médical étant souvent relatif, le rectorat ne manquerait pas d'être au courant et le fait que le jeune homme soit en contact avec des enfants, bien que non contagieux et correctement suivi, signerait son éviction. Grâce à mon patron, j'ai commencé à réfléchir aux conséquences sociales de la tuberculose et des choix que la société avait faits pour traiter ceux qui en étaient victimes. La tuberculose a été au XIXe siècle ce que le SIDA sera au vingtième. Au XIXe siècle, la maladie est grevée d'une forte mortalité, malgré des traitements nombreux mais d' efficacité limitée. Ce n'est qu'à la fin de la Seconde Guerre mondiale qu'apparaîtront les antibiotiques antituberculeux. À la différence du SIDA, la tuberculose pouvait se contracter sans contact intime. Elle n'épargnait aucune classe sociale, mais la pauvreté et l'alcoolisme favorisaient sa transmission. La tuberculose frappant une famille bourgeoise signifiait souvent la rupture d'une promesse de mariage pour une jeune fille ou même pour les frères de la malade. Le risque de contagion et la longueur de l'évolution amenèrent la société à créer des établissements réservés au traitement des tuberculeux, les sanatoriums, de préférence situés en montagne où l'air réputé plus pur était considéré favoriser l'éventuelle guérison. Ainsi, la plupart des patients se trouvaient isolés de la société, soumis à des cures de repos et à des traitements censés obtenir la fermeture des cavernes. Ainsi, le pneumothorax intra ou extra-pleural[5] était censé affaisser les cavernes. Lorsque les cavités persistaient, on pratiquait l'ablation d'une ou de plusieurs des premières côtes des sommets afin de maintenir la caverne fermée.

Dans les sanatoriums, les patients passaient des mois et parfois un à deux ans loin de leurs familles. Quelques années après mon passage dans le service du docteur Monmayou, un ami, qui tenait le laboratoire d'exploration fonctionnelle du Plateau d'Assy, dans les Alpes, m'a fait visiter les lieux pendant quelques jours. À cette époque, le village et ses sanatoriums tentaient de se reconvertir en accueillant d'autres pathologies en convalescence, car la tuberculose était en voie de régression. Les patients tuberculeux remplissaient cependant encore la plupart des établissements d'un village qui vivait grâce à cette maladie. Sur le plan social, l'isolement des patients était catastrophique, car la plupart d'entre eux perdaient leur emploi et très souvent également leur famille en raison

5. L'insufflation d'air autour ou dans la plèvre permettait d'affaisser les cavernes tuberculeuses le plus souvent situées dans le sommet des poumons et ainsi de favoriser la guérison.

de la durée de séparation. La tuberculose a été la maladie la plus terrible jusqu'à la découverte des antibiotiques lors de la Seconde Guerre mondiale. Thomas Mann nous a livré une belle description de ses ravages dans le microcosme sanatorial de *la Montagne magique*, chef-d'œuvre de la littérature du XXe siècle.

Avant l'ère des antibiotiques, la tuberculose avait donné lieu à de nombreux traitements charlatanesques qui avaient tué de nombreux malades. En 1968, il arrivait encore parfois de voir des charlatans massacrer des patients. C'est ainsi que nous avons reçu une femme d'une quarantaine d'années ayant des cavernes des deux sommets et des bacilles multirésistants à l'examen direct qui était quasi mourante, évoquant un tableau identique à celui de la dame aux camélias du roman d'Alexandre Dumas. Cette patiente était suivie par un homéopathe bien connu de Bordeaux qui, non content de lui administrer sa poudre de perlimpinpin, avait décidé de lui donner de la cortisone, d'où la flambée de sa tuberculose. Grâce au patron qui parvint à se procurer de la Rifadine en Italie, cette patiente put échapper au destin des héroïnes littéraires et lyriques du XIXe siècle et évoluer favorablement.

En 1968, la chirurgie était encore parfois utile pour obtenir la fermeture de certaines cavernes chez des patients guéris de leur tuberculose, mais exposés aux complications d'une cavité pulmonaire communicant avec l'extérieur par une bronche de drainage toujours perméable. Il en allait ainsi de cavernes résiduelles situées dans un endroit peu propice à leur fermeture spontanée, comme le lobe de Fowler, situé dans la partie dorsale du poumon au contact de la paroi thoracique. La chirurgie consistait dans ce cas à pratiquer une ouverture de la paroi pour y suturer les bords de la caverne (spéléotomie). Une mèche imbibée d'antiseptique était bourrée dans la cavité et changée au minimum toutes les semaines. Ainsi, la cavité s'épithélialisait et se comblait de proche en proche en quelques mois. Je me souviens d'un patient que j'ai pu suivre ainsi pendant plusieurs mois en changeant régulièrement sa mèche, ce qui ne l'empêchait pas de rentrer chez lui et de vaquer à ses occupations.

Le service n'accueillait pas que des patients tuberculeux, mais également d'autres pathologies pulmonaires comme les dilatations de bronches. Ces atteintes pulmonaires plus ou moins diffuses s'observaient parfois sans cause apparente, mais le plus souvent comme séquelles d'affections respiratoires aiguës comme la coqueluche. Les patients étaient gênés par les sécrétions qui s'accumulaient dans ces dilatations, provoquant toux et difficultés d'évacuation de leurs crachats qui forçaient certains malades à adopter une posture déclive pour drainer leurs poumons, en particulier le matin. Bien entendu, le risque de cette accumulation de sécrétions était leur surinfection. Actuellement, le diagnostic et la topographie de ces dilatations sont facilités par la réalisation d'un examen thoracique au scanner.

À l'époque, la diagnostic était fait en injectant un produit opaque dans les territoires atteints. Ce produit liposoluble, le lipiodol, était injecté à l'aide d'une sonde souple radio-opaque guidée par radioscopie. J'ai effectué un certain nombre de ces examens dont la principale difficulté était d'éviter d'injecter trop de produit afin d'obtenir de « belles » images. Le lipiodol était un agent très visqueux, aussi, il fallait prendre son temps et injecter très progressivement. Il fallait aussi utiliser la plus faible quantité possible en pensant au patient qui devrait éliminer ce produit visqueux au cours des jours suivants. Afin de préserver le confort du patient, il fallait prendre le temps d'effectuer une anesthésie locale soigneuse des voies aériennes avant d'introduire le cathéter radio-opaque. Obtenir de belles images était important lorsque les dilatations étaient localisées, car la radiographie facilitait la prise de décision opératoire.

Pendant l'année que j'ai passée dans le service, j'ai appris, auprès de mon patron, à pratiquer des bronchoscopies. L'examen se pratiquait sous anesthésie locale et consistait à visualiser la trachée et les bronches grâce à des optiques introduites dans le bronchoscope. Il était possible de pratiquer des prélèvements et des biopsies lorsqu'une tumeur était visible. Le bronchoscope était un tube rigide dont l'introduction nécessitait une hyperextension de la tête, facilitée par une élévation des épaules par un billot. L'examen était pénible, surtout pour les patients qui souffraient d'arthrose cervicale, et il était souvent difficile de leur faire accepter l'examen lorsqu'ils avaient déjà connu une expérience antérieure. Aujourd'hui, la fibroscopie souple a grandement simplifié l'examen et l'a rendu bien moins pénible. L'utilisation d'un bronchoscope rigide est réservée à des interventions endobronchiques et se fait sous anesthésie générale, car aucun patient n'accepterait de subir cet acte sous anesthésie locale.

Le service accueillait aussi des patients atteints de broncho-pneumopathie chronique obstructive (BPCO) secondaire à une exposition à divers polluants industriels, mais le plus souvent aussi au tabac. L'un de ces patients, au stade de l'insuffisance respiratoire chronique, hospitalisé pour une surinfection, était très essoufflé et bleu, malgré l'oxygène que nous lui avions prescrit. Pendant la visite du patron, la sœur nous appela, car son état s'était brutalement aggravé et, lorsque nous sommes arrivés dans sa chambre, le patient ne respirait plus et son pouls avait disparu. Il y avait, dans le service, du matériel de réanimation, et, tandis qu'un de mes collègues pratiquait un massage cardiaque, j'ai intubé sa trachée afin de pratiquer la ventilation artificielle. Le cœur du patient est reparti rapidement et nous avons branché un respirateur de transport pour assurer la ventilation des poumons. Un ambulancier privé m'a pris en charge avec le patient que j'ai transporté dans le service de réanimation du professeur Castaing. Mon séjour dans le service de réanimation m'avait donc été bien utile. Dans les jours qui ont suivi, l'état du malade s'est progressivement amélioré et il a fini par rentrer chez lui sans garder de séquelles de son bref arrêt circulatoire. J'étais très heureux de cette évolution, et, quelques mois plus tard, j'ai reçu une lettre de l'épouse du patient. Il avait fini par mourir de sa maladie pulmonaire, mais elle me remerciait de lui avoir assuré quelques mois supplémentaires qu'il avait appréciés sereinement. Je n'ai jamais su comment cette dame avait trouvé mon adresse que personne, dans le service, n'était censé connaître.

Après quelques mois passés dans le service, mon patron me demanda si je pourrais assurer de temps en temps sa consultation du jeudi matin au dispensaire, dans Bordeaux, car il souhaitait s'occuper de son fils qui n'avait pas classe ce jour-là. J'étais heureux de pouvoir lui rendre service et ces consultations de dépistage et de suivi d'anciens patients ont été très utiles pour ma formation. La consultation s'effectuait dans la pénombre afin de préserver notre accommodation, car tout examen clinique était suivi d'une radioscopie thoracique qui devait être complète mais rapide, car la dose de rayonnement n'était pas négligeable. Lorsque j'avais un doute, je pouvais demander une radiographie, mais ce n'était pas systématique pour des raisons de temps et de coût.

Le service de mon patron, comme d'autres de l'hôpital Xavier-Arnozan, était considéré avec un certain mépris par nombre de «grands» services des «grands» hôpitaux de Bordeaux. Ces services se débarrassaient souvent de patients considérés en phase terminale de leur cancer et les envoyaient finir leurs jours dans nos lits. Je n'ai jamais entendu mon patron critiquer aucun de ces services ni se plaindre de la manière quelque peu cavalière avec laquelle on le traitait. Il nous parlait de ces patients comme de tous les autres du service, ne faisant aucune différence. Il se saisissait de leur dossier qu'il allait montrer à l'un de ses amis du centre anticancéreux, afin de s'assurer qu'il était vraiment inutile de proposer un traitement curatif à ces patients. Ensuite, il s'occupait de tout ce qui pouvait provoquer l'inconfort, à savoir, la douleur et les manifestations diverses y compris l'anxiété de ces patients. Il avait inventé les soins palliatifs avant l'heure, car il avait compris avant bon nombre de ses collègues que, lorsqu'un patient n'a plus d'espoir de guérison, le rôle du médecin est de lui assurer le confort d'une fin de vie la plus paisible possible. Je me souviens ainsi d'une jeune patiente d'une quarantaine d'années arrivée dans le service pour un cancer du sein avec métastases osseuses multiples. Cette patiente avait des douleurs osseuses intolérables, résistantes à la morphine. Elle avait une pilosité importante du visage, car elle avait subi une ovariectomie[6]. Le patron présenta son dossier à l'agrégé du service de neurochirurgie qui lui introduisit par voie endonasale des billes d'yttrium radioactif dans la selle turcique afin de détruire son hypophyse[7]. Grâce à ce geste assez simple, les douleurs osseuses avaient quasiment

6. Ablation des ovaires afin de supprimer la sécrétion d'œstrogène qui accélère l'évolution du cancer du sein.
7. La destruction de l'hypophyse par l'yttrium avait une effet analgésique.

disparues et sa pilosité avait régressé. La patiente revint voir le patron quelques semaines plus tard à vélomoteur. Certes, elle ne survécut que quelques mois à son cancer, mais ce répit fut plus confortable. J'ai gardé une grande admiration pour cet homme discret et modeste qui restera pour moi l'image d'un médecin exemplaire.

Cette année d'internat provisoire a, certes, été plus calme que l'année précédente et m'a permis de me préparer au concours d'internat, cependant, elle a été aussi l'occasion d'améliorer mes connaissances dans le domaine de la pathologie respiratoire. Dans les années qui vont suivre, la tuberculose va quasiment disparaître, avant de resurgir à la faveur du SIDA, des migrations et du quart-monde.

Lors du deuxième semestre 1968, je fus enfin admis au concours d'internat. Ma fille naquit entre l'écrit et l'oral.

L'internat, à cette époque, était régional et comportait vingt places à Bordeaux, une dizaine à Poitiers et autant à Limoges. C'est ainsi que j'ai atterri au CHU de Limoges, car j'étais reçu à la vingt et unième place.

Remplacements de médecine générale

En 1968, ayant validé la cinquième année de médecine, j'ai pu commencer à remplacer des médecins généralistes. Mon premier remplacement fut dans les Landes de Gironde, à Belin-Beliet, commune située sur la route Bordeaux-Bayonne. Le médecin s'était absenté pour un week-end et sa mère était restée pour tenir la maison. Le médecin que je remplaçais était installé et vivait dans un manoir à l'entrée du bourg. Sa mère m'expliqua qu'il était ancien médecin militaire et que son installation était destinée à lui assurer une occupation intéressante, car il était dans la force de l'âge, mais qu'il aurait pu se passer de travailler, car il possédait des hectares de pins qui lui rapportaient largement de quoi vivre. Mon rôle consistait à assurer les urgences du samedi matin au lundi matin à huit heures, afin que je puisse repartir prendre mes fonctions à Bordeaux. En attendant le client, je pus m'occuper à feuilleter les nombreux livres de sa magnifique bibliothèque et, surtout, à discuter avec sa mère, charmante vieille dame, très cultivée et ancienne pianiste professionnelle. La vieille dame me joua de nombreuses pièces de Chopin et de Liszt avec une virtuosité parfaite, bien qu'elle se plaigne, avec un brin de coquetterie, d'être diminuée par l'arthrose de ses doigts.

La journée du samedi fut calme, mais la nuit se révéla agitée. Je fus appelé plusieurs fois aux alentours de la petite bourgade et il me fallut mémoriser soigneusement les explications des appelants, car les Landes offrent un paysage monotone et peu de repères pour se diriger. Le GPS n'avait pas encore été inventé. Ainsi, je dus aller sonder un homme âgé en rétention aiguë d'urines à cause d'un adénome de prostate. Dans la nuit, je fus appelé au chevet d'un homme septuagénaire qui avait développé brutalement une tétraplégie. Je fis hospitaliser le patient au centre Abadie de Bordeaux avec une lettre mentionnant la probabilité d'un accident vasculaire de la moelle épinière, pathologie rare que j'observais pour la première fois. Le lundi après-midi, je me rendis au centre Abadie et obtins confirmation du diagnostic.

Le dimanche, je fus assez peu dérangé, à part pour recoudre une plaie par chute de bicyclette d'un enfant. Ma surprise fut grande de constater que l'enfant n'avait aucun vaccin alors qu'il était scolarisé. Malgré la réticence des parents, je lui injectai un sérum antitétanique et la première dose des vaccins obligatoires après les avoir culpabilisés en les accusant d'être responsables du décès de leur enfant au cas où il contracterait le tétanos à cause de leurs idées farfelues.

Le lundi matin, avant sept heures, je fis la tournée des prises de sang prévues pour certains de ses patients traités par un anticoagulant. Du coup, le médecin me rémunéra comme si j'étais resté trois jours et je revins chez moi avec une somme équivalente à mon salaire mensuel d'interne provisoire.

En mai 1968, j'ai remplacé, pendant deux semaines, le médecin d'un village, Clugnat, situé au nord de la Creuse. Le médecin m'avait laissé une voiture, une 4L, pour effectuer les visites et la maison était tenue par une dame berrichonne qui prenait les rendez-vous et qui, surtout, était une excellente cuisinière.

Le jour de mon arrivée, le médecin étant encore là, je reçus un appel urgent pour une visite à Toulx-Sainte-Croix, hameau situé au sommet d'une colline à environ dix kilomètres. Lorsque je suis arrivé, tout le village en émoi était agglutiné autour de la fenêtre du rez-de-chaussée d'une ferme et regardait une femme âgée assise dans son lit. En fait, la grand-mère de la famille était passée au travers du plafond de la grange et avait fait une chute de plusieurs mètres. L'examen clinique me permit de constater l'absence de fracture ou de lésion grave. La dame s'en tirait avec une plaie du cuir chevelu et une grande peur. Sa fille lui avait déjà fait deux injections de camphre pour, disait-elle soutenir son cœur qui n'avait besoin de rien, car l'aïeule paraissait jouir d'une santé de fer. Je pratiquai des sutures du cuir chevelu et promis de revenir enlever les points lorsque tout cela aurait cicatrisé.

Le médecin que je remplaçais avait une grosse clientèle et il s'était bien gardé d'avertir ses patients qu'il serait remplacé afin qu'ils n'attendent pas son retour. Aussi, lorsque j'arrivais pour une visite, je voyais se peindre la méfiance sur le visage du malade et des siens, d'autant que j'étais beaucoup plus jeune que leur médecin habituel, donc soupçonné de manquer d'expérience. Les gens ayant cependant le respect du médecin et le sens de l'hospitalité, je ne me suis jamais vu refuser l'entrée chez eux et beaucoup sont revenus au cabinet alors qu'ils savaient que leur médecin habituel n'était pas encore revenu de ses vacances. Pendant ces quinze jours, j'ai vécu retiré du monde, car le pays était en grève générale et il était difficile de se déplacer ou de communiquer. Lorsqu'un patient nécessitait une hospitalisation à Guéret, il était compliqué de trouver une ambulance, car celles-ci étaient ou en grève ou occupées à faire des courses pour les habitants isolés ou à distribuer les quelques journaux qui paraissaient encore. J'ai même été obligé de transporter un patient cirrhotique décompensé à la clinique avec ma voiture.

La clientèle était plutôt agréable et composée d'une majorité d'agriculteurs qui ne souhaitaient pas aller à l'hôpital et interrompre le travail des champs et les soins de leur bétail, même lorsqu'ils venaient au cabinet pour des plaies importantes. J'ai ainsi été amené à suturer des plaies profondes faites avec des outils agricoles, avec drainage et mise sous antibiothérapie. Il n'était pas question d'arrêts de travail. Ces gens étaient durs au mal et travaillaient énormément pour des revenus plus que modestes, mais ils étaient attachants.

Je voyais aussi la quasi-totalité des gendarmes à qui j'ai fait des arrêts de travail de complaisance, car ils redoutaient d'être envoyés à Paris où ils prétendaient que se déroulaient des scènes de guerre contre les étudiants. Il faut dire que l'information était plutôt rare. Le téléphone passait par des opératrices bien entendu grévistes, mais elles transmettaient les appels émanant de patients. Par contre, lorsque mon épouse, restée à Bordeaux, m'appelait, elles écoutaient les communications (en principe interdit) et coupaient la ligne dès qu'elles comprenaient qu'il s'agissait d'une conversation privée.

Je fus appelé un après-midi auprès d'un homme âgé qui était devenu brutalement hémiplégique à droite et donc également aphasique. Il s'agissait, selon toute vraisemblance, d'un accident vasculaire cérébral ischémique[8] et, à cette époque, il n'était pas question de pratiquer une IRM ou un scanner, techniques encore inconnues, et la thrombolyse n'existait probablement que dans l'imagination des neurologues. J'expliquai à la famille du patient qu'il n'y avait pas grand-chose d'utile à faire et qu'il ne me paraissait

8. Accident vasculaire ischémique: obstruction brutale d'une artère cérébrale provoquant une paralysie d'un côté du corps et l'impossibilité de parler ou aphasie lorsque la thrombose intéresse l'hémisphère dominant.

pas nécessaire de l'envoyer à l'hôpital où on ferait une rééducation dont le kinésithérapeute local pouvait aussi bien s'acquitter. La femme du malade et sa fille comprenaient ce que j'avais expliqué, néanmoins, elles me demandèrent de solliciter l'avis d'un cardiologue. Le médecin que je remplaçais m'avait dit que, si j'étais ennuyé, il connaissait bien le cardiologue de Guéret qui acceptait de se déplacer comme consultant. Cette possibilité, prévue et tarifée par la Sécurité sociale, était encore souvent utilisée par des médecins de campagne qui pouvaient ainsi s'entourer de l'avis d'un spécialiste, voire d'un professeur à proximité des villes universitaires. Le soir même, le cardiologue vint visiter le patient. Je lui présentai mes excuses, car il s'agissait d'un problème neurologique chez un patient qui n'avait aucune pathologie cardiaque. Le cardiologue était un homme d'expérience heureux de rendre service à un jeune collègue. Il pratiqua un électrocardiogramme, examina le patient et rassura la famille.

Avant qu'il retourne à Guéret, il s'arrêta au cabinet où nous fîmes plus ample connaissance autour d'un verre. Lorsque je lui appris que j'avais passé un an comme faisant fonction d'interne dans le service du professeur Traissac, il me demanda de passer un jour suivant à la clinique pour voir avec lui une patiente ayant un ictère chronique dont il ne connaissait pas la cause. Après avoir passé un bon moment à Guéret, il me proposa de me mettre en relation avec le médecin de Croq, sur le plateau de Millevaches, qui était à la recherche d'un remplaçant. Plus tard, lorsque je deviendrai chef de service du SAMU de Limoges, j'aurai, parmi mes stagiaires internés, le fils de ce cardiologue que j'aurai ainsi l'occasion d'accueillir aussi bien que son père l'avait fait pour moi.

Ce premier remplacement me confirma l'intérêt de la médecine générale. En effet, très rapidement se nouaient des liens avec les patients qui, une fois en confiance, partageaient avec le médecin les évènements de leur famille. Plusieurs fois, je fus amené à remplir des papiers officiels à la demande de certains patients qui considéraient le médecin comme une personne de confiance à qui on pouvait confier ses problèmes et ses difficultés.

Je suis revenu en été pour remplacer le même médecin pendant ses vacances. Les patients commençaient à me connaître et avaient tendance à me faire davantage confiance. Ce n'était cependant pas vrai pour tout le monde. Ainsi, une voisine du cabinet médical, commerçante, m'appela pour sa petite-fille qui passait ses vacances à la campagne et qui toussait et paraissait fatiguée. La fillette n'ayant pas été vaccinée par le BCG, je lui posai un timbre à la tuberculine et avertis la grand-mère de la possibilité d'une primo-infection. Je ne revis pas la grand-mère ni sa petite-fille et mon épouse apprit, à l'épicerie du village, que la grand-mère était ulcérée que ce jeune remplaçant ait prétendu que sa petite-fille pourrait être tuberculeuse. L'épicier ajouta cependant, avec un sourire en coin, que la dame en question avait été elle-même tuberculeuse dans sa jeunesse et s'était fait traiter dans une autre région, ce qui n'avait pas empêché le village d'en être informé. La tuberculose a toujours été une maladie à part, considérée comme honteuse dans certains milieux. La dame aux camélias n'était-elle pas une femme aux mœurs légères ?

Durant ce remplacement, j'ai eu à effectuer un accouchement. À cette époque, les médecins cherchant un remplaçant précisaient avec ou sans accouchements, car beaucoup de généralistes acceptaient les accouchements, y compris, parfois, à domicile. La femme du médecin étant sage-femme, il acceptait les accouchements des femmes suivies par son épouse. L'accouchement eut lieu à la clinique de Guéret avec l'aide d'une sage-femme. Il n'y avait alors aucun médecin accoucheur en Creuse et, en cas de difficulté, les chirurgiens des cliniques de Guéret ou d'Aubusson étaient appelés pour faire une césarienne.

Jusqu'à ma quatrième année d'internat, j'ai effectué de nombreux remplacements de médecins généralistes dans plusieurs régions.

Dans les Pyrénées-Atlantiques, j'ai remplacé un médecin d'un village de la banlieue de Pau. J'ai pu ainsi apprécier la différence entre les patients de la campagne et ceux de la ville. Il m'est arrivé d'être appelé par un citadin pour établir un certificat de reprise de travail alors que le patient aurait pu se déplacer au cabinet. Pareille demande ne m'est jamais arrivée à la campagne.

La densité médicale dans la région de Pau était plus importante que dans la Creuse. Ainsi, je fus appelé à visiter une jeune fille d'une douzaine d'années en fin d'après-midi dans un village proche du mien ; cette enfant avait manifestement un tableau de péritonite appendiculaire et je la fis hospitaliser d'urgence. Je fus surpris d'essuyer les reproches de la famille qui prétendait avoir fait appeler la standardiste de la cabine publique en fin de matinée alors que je venais effectuer ma visite en fin de journée. En fait, le médecin que je remplaçais me confirma que deux confrères installés dans ce village soudoyaient les standardistes de la cabine publique afin qu'elles omettent de transmettre les appels. Lorsque les patients voyaient leur appel non satisfait, ils se tournaient vers le cabinet de ces deux confrères. Les rivalités et les coups bas, même s'ils sont peu fréquents, ne datent pas d'hier et cet incident démontre que les déserts médicaux étaient peu nombreux, surtout dans certaines régions.

Un dimanche soir, vers 23 heures je fus appelé par un jeune couple qui habitait dans le bourg, car la jeune femme se plaignait de douleurs abdominales et de métrorragies. Ils avaient passé la journée sur la plage à Biarritz. À l'examen, la patiente était enceinte de six mois ou plus et il s'agissait manifestement d'une menace d'accouchement prématuré. Lorsque j'annonçai le diagnostic, ils tombèrent des nues, prétendant ignorer qu'elle était enceinte et paraissant tous deux de bonne foi. À cette époque, on ne parlait pas encore du déni de grossesse. Je leur proposai de les conduire dans ma voiture jusqu'à la clinique de leur choix à Pau. C'était une maison d'accouchement, et, à cette heure tardive, j'avais beau sonner, personne ne venait ouvrir. Je fus obligé d'escalader le mur et de pénétrer par une fenêtre afin de réveiller la sage-femme de garde.

Le médecin que je remplaçais avait une grosse clientèle qui s'étendait sur la campagne et sur beaucoup de quartiers de la ville de Pau, y compris des quartiers considérés comme chauds. J'ai effectué de nombreuses visites de nuit dans ces quartiers sans jamais rencontrer le moindre problème. Dans ces années-là, les médecins et tous les services de secours étaient accueillis avec sympathie et respect. Les choses ont malheureusement bien changé.

J'ai remplacé plusieurs fois un médecin de Gironde, à Gornac, petit village proche de Langon, dans l'entre-deux-mers. Ce généraliste était mélomane et avait été empêché par son père ingénieur de devenir artiste. Ses enfants pratiquaient la musique et avaient monté un orchestre de rock qui répétait dans la villa familiale tous les samedis.

Le médecin prenait des vacances, mais il ne partait pas, préférant passer ses journées au bord de la Garonne, vers La Réole, à pêcher la carpe. Il quittait la maison le matin de bonne heure afin d'éviter de croiser les patients venant consulter. Il avait beaucoup d'humour et me raconta que, alors qu'il avait engagé un autre remplaçant, au moment de partir avec sa femme pour des courses à Bordeaux, un consultant avait décidé de l'attendre devant la maison, préférant avoir affaire à lui qu'à son remplaçant, bien que son épouse lui ait signifié que son époux était parti. Il dut se résigner à quitter le garage dans le coffre de la voiture jusqu'à la sortie du village.

La région était très peuplée et j'étais très occupé par les consultations et par les visites. Il fallait refuser poliment le verre de vin blanc offert par les vignerons pour garder sa lucidité et aussi parce qu'un essai m'avait appris que leur consommation personnelle était le plus souvent une affreuse piquette, très différente des appellations contrôlées qu'on trouvait dans la région. Certains clients du médecin étaient assez originaux, mais j'avais été prévenu. Ainsi, dans une maison au milieu des vignes, vivaient deux frères jumeaux de près de 90 ans qui étaient en bonne santé mais jouaient à se faire peur. Périodiquement, l'un d'eux appelait, affolé, en prétendant que l'autre était mort. Celui qui faisait le mort était allongé dans son lit et l'examen clinique révélait que sa conscience et sa tension étaient tout à fait normales. On était quitte pour se gratter en repartant, car la maison était infestée de puces.

Le médecin me raconta que, lors du passage des anciens aux nouveaux francs, ils lui avaient demandé de les aider à compter leurs billets avant de les changer à la banque. Il avait constaté avec stupeur qu'ils gardaient chez eux une caisse de grosses coupures de plus d'un mètre de haut, ce qui ne les empêchait pas de vivre comme des misérables.

Un autre jour, je fus appelé par une patiente qui voulait faire prendre sa tension et renouveler son ordonnance, et qui en profita pour me demander si je connaissais un remède pour soigner ses lapins, victimes de la myxomatose.

Le médecin me raconta que, dans une autre ferme, il fut appelé pour un prétendu malaise de la grand-mère, qui en fait se portait comme un charme, et que, après quelques minutes de conversation, il apprit que le vétérinaire avait prescrit une injection à leur cochon (non remboursée) et qu'ils ne savaient pas s'y prendre. Le confrère se retroussa les manches…

Un jour, je prescrivis un antibiotique à un agriculteur pour une infection banale. Lorsque je revis le patient, je lui demandai s'il avait bien suivi mes prescriptions et il me répondit en indiquant une dose correspondant à la moitié de la dose prescrite. À mon étonnement, il m'avoua « je me suis dit : en cas qu'il se trompe » pour justifier cette diminution de posologie.

Le soir, le médecin rentrait de la pêche très souvent avec une ou plusieurs carpes. La petite jeune fille, employée de la maison, fine cuisinière, nous préparait régulièrement de la carpe farcie. Après manger, plusieurs soirs par semaine, le médecin jouait au bridge en compagnie du curé, de l'instituteur du village et de celui qu'on appelait le pharmacien et qui était le mari de la pharmacienne. Ancien adjudant ayant fait l'Indochine et l'Algérie, il avait obtenu rapidement sa retraite et s'était reconverti dans la pharmacie en épousant, selon sa propre expression, une belle femme (pesant au bas mot ses cent kilos). La soirée était très animée et ressemblait par moment à une pièce de Pagnol. La partie à laquelle je participais en spectateur était copieusement arrosée à l'entre-deux-mers.

La clientèle du médecin était importante, aussi, je voyais beaucoup de malades en consultation et en visite. J'avais souvent la satisfaction de rendre service aux patients en leur prescrivant des traitements adaptés ; cependant, il m'est aussi arrivé de commettre des erreurs.

L'une d'elles est restée dans ma mémoire. Un après-midi, je fus appelé par la fille d'un homme de près de 80 ans. Jusqu'ici en bonne santé, le patient avait été découvert en coma totalement aréactif dans son chai. Lorsque j'arrivai, le malade avait été transporté dans son lit et il était dans un coma profond, sans réaction au pincement et sans signe neurologique de localisation. Sa respiration stertoreuse aurait dû m'interpeler. Je pensais que cet homme âgé était victime d'une hémorragie cérébrale ou cérébro-méningée et j'informai la famille que le pronostic me paraissait sombre, qu'il n'y avait pas grand-chose à faire, sinon attendre l'évolution spontanée. Je proposai de revenir le lendemain ou plus tôt en cas d'appel. J'étais persuadé de revenir pour signer le certificat de décès. Le lendemain, n'ayant pas été appelé par sa fille, je me déplaçai au domicile du patient que j'eus la surprise de voir assis dans son fauteuil, occupé à lire son journal. Je compris instantanément ma stupidité : je n'avais pas envisagé que le patient ait fait une crise d'épilepsie et que j'avais été appelé alors qu'il était à la phase de coma post-critique. Je fis amende honorable et adressai le patient à un confrère neurologue, afin d'explorer cet épisode qui était survenu sans antécédents chez cet homme âgé.

Pendant les trois premières années de mon internat, j'ai remplacé régulièrement le médecin de Crocq, en Creuse, sur le plateau de Millevaches. C'était un homme d'une cinquantaine d'années qui avait fait ses études à Lyon avant de s'installer dans ce village un peu perdu de la montagne creusoise. C'était surtout un médecin compétent et consciencieux. Avec un peu d'habitude, il était facile de juger la pratique du médecin remplacé. À Crocq, le traitement des diabétiques était correct et la plupart étaient bien équilibrés, les hypertendus étaient traités dans le respect des recommandations de la Société de Cardiologie, tous les enfants avaient reçu tous les vaccins, y compris le BCG, et les carnets de santé étaient bien tenus.

Il y avait beaucoup de travail. Les consultations se déroulaient le matin de huit heures à midi. Après un repas rapide, les visites débutaient et se terminaient souvent entre vingt-deux et vingt-trois heures. Je parcourais souvent plus de deux cents kilomètres par jour en 2CV. En effet, il y avait peu de médecins dans cette région. On en comptait deux à Giat, commune située à une dizaine de kilomètres. L'un d'eux avait peu de clients en raison d'un caractère difficile, l'autre était bon médecin mais alcoolique et ses patients m'appelaient souvent l'après-midi, car son état était peu compatible avec un exercice serein. J'avais à effectuer des visites jusqu'aux sources du Cher, à Mérinchal, et, lorsque le médecin militaire du camp de La Courtine était absent, il m'arrivait de faire des visites dans le village, situé à plus de trente minutes de Crocq. Il n'y avait pas, bien sûr, de garde organisée et j'étais d'astreinte jour et nuit sans répit. Le médecin que je remplaçais acceptait les accouchements qui, dans le meilleur cas, se déroulaient à l'hôpital rural d'Aubusson où se trouvait une sage-femme ou à la clinique dont le chirurgien pouvait pratiquer une césarienne en cas de problème. Cependant, il y avait encore des accouchements à domicile ou même dans des caravanes, car mon confrère était connu parmi les gens du voyage pour être conciliant, aussi certains d'entre eux venaient s'établir dans les environs lorsque le terme approchait.

Le premier accouchement que j'eus à gérer n'était pas prévu, car la grossesse n'avait pas été déclarée ; cependant, mon confrère me dit, en rentrant de vacances, que la rumeur publique l'avait informé. Je fus donc appelé au bord de la nationale Aubusson-Clermont-Ferrand dans une masure, auprès de deux sœurs qui se disputaient bruyamment. L'aînée reprochait violemment à sa cadette de lui avoir caché son état pourtant évident et de passer son temps à faire des enfants de pères incertains et inconnus. Elle lui affirmait qu'elle ne lui rendrait pas visite à la maternité. Après les avoir calmées, je procédai à un rapide examen qui me démontra l'urgence de charger la coupable dans ma 2CV, car trente kilomètres nous séparaient de l'hôpital rural d'Aubusson. Pendant le trajet, la jeune femme, cramponnée au rebord du pare-brise, me fit part de son envie de pousser à quoi je répondis par la ferme et inutile injonction de serrer les fesses. En arrivant, pendant que la sage-femme installait la parturiente, j'eus tout juste le temps d'enfiler des gants pour accueillir un nouveau-né en parfaite santé auquel elle me fit part de son intention d'attribuer le même prénom qu'à son aîné, écrasé par une voiture deux années avant sur la nationale bordant la maison.

En rentrant, je fus arrêté par la sœur qui me guettait au bord de la route pour connaître le sexe de l'enfant et les heures de visite. En fait, la jeune accouchée avait un léger déficit intellectuel et entretenait des rapports intimes non protégés avec la plupart des employés de la poste avec lesquels elle effectuait la tournée quotidienne des villages, d'où les doutes de sa sœur quant à l'identité du géniteur. Elle n'avait pas déclaré sa grossesse, disait-elle, pour éviter que son état ne s'ébruite !

Une nuit, je fus tiré de mon lit par un homme qui entra et déposa son épouse, enceinte et manifestement en travail, dans mon cabinet avant de partir chercher, disait-il, sa belle-mère et de nous rejoindre à la clinique. La jeune femme avait de très fortes contractions et ne pouvait pas mettre un pied devant l'autre ; aussi, je dus la porter jusqu'à ma voiture et l'emmener le plus rapidement que je pouvais jusqu'à la clinique où, merci aux secousses du trajet, elle accoucha rapidement et sans problème.

Le troisième accouchement, et le seul qui se déroula à domicile, m'amena à pratiquer une anesthésie générale avant d'en faire ma spécialité. Je fus appelé au milieu de la matinée, pendant mes consultations, dans une masure à quelques kilomètres de Crocq, pour voir une femme en travail. C'était sa cinquième grossesse et elle me fit part de sa décision d'accoucher chez elle. Je lui répondis que je refusais de pratiquer ce genre de sport en dehors de la clinique ou de l'hôpital. Elle me rétorqua que, dans ces conditions, elle accoucherait seule. Après mes consultations, je décidai de retourner la voir. La maison était une misérable masure alimentée en eau par un puits dans la cour. Les enfants et le mari attendaient dans la pièce à vivre du rez-de-chaussée pendant que la belle-mère assistait la parturiente dans une soupente. À mon arrivée, je constatai que le col était à dilatation complète et que les bruits du cœur de l'enfant étaient normaux. Cependant, les contractions manquaient de force et la progression de la présentation était très lente. N'ayant pas de quoi poser une perfusion veineuse, je lui administrai une dose d'hormone post-hypophysaire sous-cutanée qui eut pour effet d'accélérer le deuxième temps du travail. La présentation du fœtus était céphalique, mais occipito-postérieure, ce qui complique un peu l'extraction. Fort heureusement, le périnée de la dame était assez souple et autorisa la sortie de la tête sans déchirure. L'enfant avait une double circulaire du cordon qui m'obligea à le couper après clampage avant de terminer l'extraction. La belle-mère paraissait affolée et s'avéra incapable de m'aider. Je fis la toilette du nouveau-né qui pesait quatre kilos, lui instillai un collyre au nitrate d'argent et le langeai comme c'était la pratique à l'époque (heureusement, j'avais appris grâce à ma fille). Pendant environ 45 minutes, j'attendis en vain l'expulsion du placenta, l'utérus se rétractait lentement et, heureusement, la femme ne saignait pas. Il fallait envisager une délivrance manuelle, mais la patiente était très pusillanime, aussi, j'envoyai le mari au cabinet pour que la bonne lui confie l'ampoule de Vinether que je savais être dans l'armoire du médecin. Je me brossai soigneusement les mains au savon de Marseille et les alcoolisai abondamment après avoir préparé une seringue avec une ampoule de post-hypophyse. La belle-mère se vit confier une compresse à tenir sur le visage de la patiente pendant que je versais le contenu de l'ampoule de Vinether. J'avais vu pratiquer ce type d'anesthésie rapide et brève par les sages-femmes pendant mon stage d'externe. Une fois la patiente endormie, je pus introduire ma main dans l'utérus et extraire le placenta, après quoi j'injectai de l'autre main l'ampoule de post-hypophyse dans le muscle utérin au travers de la paroi abdominale. Je sentis l'organe commencer à se rétracter sur ma main. Cette technique était décrite dans le traité d'obstétrique du professeur Merger. C'est la première et, heureusement, la dernière fois que j'eus l'occasion de l'appliquer et de constater son efficacité. En effet, ce que je redoutais, l'hémorragie de la délivrance, ne se produisit pas. Une hémorragie de la délivrance, à trente kilomètres de la clinique et en l'absence de moyen de transport rapide (le SAMU n'existait pas encore en Creuse), aurait pu être fatale. Je laissai la patiente à sa belle-mère et descendis dans la pièce à vivre où les enfants m'attendaient avec une cuvette remplie au puits afin que je puisse me laver du sang qui remontait jusqu'à mon coude. Le mari avait déjà bien entamé une bouteille de gnole dont il me proposa un verre que j'avalai rapidement. J'avais besoin de me remettre de mes émotions, car j'avais la sensation d'avoir eu beaucoup de chance et j'avais libéré toute l'adrénaline disponible dans mes glandes surrénales. Je prescrivis un antibiotique pendant quelques jours et pus constater, lors d'une visite à une semaine, que la mère et l'enfant étaient en parfaite santé. À cette époque, le tarif d'un accouchement était de 240 francs et le mari, ouvrier agricole gagnait le SMIC, soit environ 600 francs ; aussi, je signai la feuille de Sécurité sociale et leur laissai le soin de rembourser les honoraires à mon collègue qui rentrait de vacances en fin de mois, lorsqu'ils auraient touché l'argent de la Sécurité sociale. C'était une pratique fréquente parmi tous les généralistes que j'ai remplacés. Beaucoup de patients avaient une « ardoise » et payaient le médecin après avoir été remboursés.

Lorsque le médecin est rentré, je lui ai raconté mon aventure et il a beaucoup ri lorsque je lui ai dit qu'il serait payé après remboursement. Il connaissait mieux ses clients que moi et m'expliqua qu'ils allaient toucher le remboursement à Aubusson et qu'une somme importante pour eux allait leur permettre de fêter la naissance en prenant une bonne cuite à notre santé, ce qui ne manqua pas d'arriver (je l'appris lors du remplacement suivant).

La première fois que j'avais remplacé ce médecin, il m'avait expliqué que nous n'étions pas chargés de la répression et que, lorsque nous étions amenés à ramasser un patient dans un fossé ou sur la route, nous n'étions tenus de prévenir les gendarmes qu'en cas de blessures sérieuses du patient ou d'un tiers. Pour tout accident peu grave dû à un état alcoolique aigu, mieux valait ramener l'impétrant chez lui et, ainsi, lui éviter des suites fâcheuses. J'eus rapidement à appliquer ce principe à un homme couché dans un fossé avec son vélomoteur. Le plus difficile fut de lui faire avouer son adresse, car l'alcool avait quelque peu obscurci sa mémoire. Une fois arrivés au domicile, je pus suturer les nombreuses plaies, heureusement superficielles, de son cuir chevelu. Son taux d'alcoolémie me dispensa de pratiquer une anesthésie locale et les invectives de sa femme l'aidèrent à rester éveillé.

Toutes les visites n'étaient pas aussi amusantes. Ainsi, je fus appelé, en fin d'après-midi, chez un homme âgé d'environ 80 ans qui était atteint d'un cancer de prostate peu évolutif et d'une insuffisance cardiaque traitée. Ses enfants, parisiens, étaient en vacances chez lui et me racontèrent qu'il était très gêné pour respirer depuis le début de l'après-midi et que, depuis le début de leur séjour, ils avaient constaté qu'il était volontiers agité la nuit et qu'il criait souvent. Lorsque je pénétrai dans la chambre, le curé du village était en train d'administrer les derniers sacrements au malade. Effectivement, la démarche n'était pas inutile, car l'examen me montra que le patient avait un œdème pulmonaire très important qui datait de plusieurs heures. J'avais toujours dans ma trousse des prises d'air stériles pour flacons de perfusion. En effet, à l'époque, les flacons étaient en verre et il fallait percer le bouchon avec une prise d'air pour amorcer l'écoulement du liquide. L'aiguille de la prise d'air était de gros calibre et prolongée d'un tube en plastique. Grâce à ce dispositif, je pus effectuer une saignée d'environ un demi-litre en ponctionnant la veine fémorale. Le patient se sentit soulagé et j'adaptai le traitement de fond de son insuffisance cardiaque avant de le quitter et de signifier à la famille que je comptais revenir dans quarante-huit heures, car j'avais l'impression qu'ils étaient déçus par l'amélioration de l'état du vieillard.

Je voyais beaucoup de Parisiens qui passaient leurs vacances en Creuse, chez des parents ou dans leur résidence secondaire. Je fus appelé un après-midi par une femme jeune qui avait eu subitement une fièvre à 39 °C et une toux sèche. L'examen révélait tous les signes d'une pneumopathie virale, ce que j'expliquai à la patiente. Je lui indiquai que l'origine virale ne nécessitait pas d'autre traitement que du paracétamol en attendant la guérison spontanée. Était-ce à cause de mon jeune âge ou d'un manque de confiance en une médecine sans examens complémentaires ? La patiente insista pour que je lui fasse pratiquer un examen radiologique pulmonaire. Afin de la rassurer, j'accédai à sa demande, mais je lui dis que l'examen me paraissait inutile et je lui laissai un schéma représentant son futur cliché. Quelques jours plus tard, je revis la patiente en meilleure forme et elle me confirma que j'avais gagné mon pari.

Tous les Parisiens en vacances n'étaient pas aussi sympathiques et dotés d'humour. Un soir, vers vingt-deux heures, je reçus un appel pour me rendre à une quinzaine de kilomètres, dans une propriété abritant un manoir, située au bord de la route menant à Clermont-Ferrand. Manque de chance, je fus victime d'une crevaison à la sortie de Crocq et, après avoir changé ma roue et être retourné au cabinet pour me laver les mains, je parvins au manoir à près de vingt-trois heures. Après avoir garé ma 2CV à côté des automobiles de luxe stationnées devant la maison, je sonnai et fus reçu par la bonne. Elle me demanda de la suivre et m'amena dans la chambre d'une enfant d'une dizaine d'années qui s'était cognée dans l'après-midi et qui pleurait et refusait de s'endormir.

En allant vers l'escalier qui menait à la chambre de l'enfant, nous étions passés devant la salle à manger où les parents terminaient leur repas et n'avaient pas daigné me saluer, même de loin. Je constatai que l'enfant n'avait rien, à part une bosse, et j'appliquai, pour la première et dernière fois de ma vie professionnelle, un dépassement d'honoraires représentant plus du double du tarif de ma visite nocturne. J'étais d'autant plus furieux que ces gens m'avaient réglé sans sourciller et sans même prononcer une parole.

Parfois, la médecine de campagne réservait des histoires plus amusantes. Un jour, je vis en consultation un habitant du village atteint d'une MST fort répandue que le langage courant désigne sous le nom de chaude-pisse. Je lui prescrivis un antibiotique et insistai pour qu'il m'envoie sa partenaire. Il refusa, prétextant qu'il ne pouvait pas compromettre une femme mariée. Quelques jours plus tard, je m'arrêtai au bistrot du village, situé à cent mètres du cabinet, pour boire un café et j'appris, par quelques joyeux consommateurs qui avaient aperçu mon patient se rendre à la consultation, qu'il n'était pas le seul à avoir contracté la maladie, car la dame en question avait une connaissance intime d'un assez grand nombre de mâles locaux.

Les médecins de campagne de cette époque, pourtant pas si ancienne, étaient amenés à pratiquer des actes qui feraient hurler les spécialistes actuels. Ainsi, je suivais une patiente qui avait été diagnostiquée dans un grand hôpital parisien insuffisante rénale chronique en phase préterminale. La lettre de sortie du service demandait au généraliste de la transfuser avec des concentrés globulaires chaque fois que l'anémie consécutive à sa maladie devenait trop importante et mal tolérée, occasionnant essoufflement et douleurs angineuses[9]. Je commandais donc régulièrement un concentré globulaire au centre de transfusion de Guéret, qui l'envoyait à Aubusson par la micheline afin que la famille le récupère. L'après-midi, après en avoir vérifié la compatibilité au lit de la patiente, je lui branchais sa transfusion et en profitais pour effectuer quelques visites aux alentours avant de passer débrancher le flacon vide.

Il m'est arrivé aussi d'administrer des chimiothérapies préparées par le pharmacien du village et perfusées par une veine périphérique, car on ne connaissait pas encore les sites de perfusion implantables.

Jusqu'à ma quatrième année d'internat, j'ai remplacé ce médecin de Crocq. Je collaborais régulièrement avec l'infirmière du village dont la fille est devenue plus tard une de mes étudiantes au SAMU avant de reprendre le cabinet du médecin après son décès.

J'ai aimé pratiquer la médecine générale en raison de la variété des situations rencontrées et des contacts

---

9. Douleurs angineuses : douleurs thoraciques en rapport avec une insuffisance coronaire, encore appelée angine de poitrine. L'effort ou l'anémie diminuent l'oxygénation du cœur et déclenchent souvent ces douleurs.

humains avec la patientèle qui donnaient l'impression de faire partie d'une communauté et d'être utile. La variété des situations pathologiques obligeait les généralistes à se tenir informés. En effet, j'ai découvert et prescrit sur le terrain des médicaments aussi importants et efficaces que les bêtabloquants, les antidépresseurs tricycliques, les bêtastimulants et bien d'autres médicaments qui n'étaient pas disponibles pendant mes années d'externat.

Interne des hôpitaux de Limoges

J'ai pris mes fonctions en tant qu'interne au CHU de Limoges le premier octobre 1968. Le CHU venait d'être créé suite à la transformation en faculté de l'école de médecine dont les locaux exigus et vétustes étaient situés en pleine ville, pas très loin de la place Denis-Dussoubs, député de gauche né à proximité de Limoges, à Saint-Léonard-de-Noblat et tué pendant la révolution de 1848.

La transformation de l'école de médecine en faculté s'est faite grâce au maire de l'époque, Louis Longequeue, bien que le directeur de l'école, le professeur Faure, n'ait rien fait pour appuyer cette transformation.

L'hôpital Saint-Alexis, du nom de la congrégation de religieuses qui l'avait géré depuis 1657, d'abord seule, puis associée aux sœurs de l'Immaculée Conception à partir de 1936, était situé près de la mairie. L'appellation CHU résistait difficilement à une visite des locaux. L'hôpital était une grande bâtisse grise fermée sur une cour intérieure à laquelle on accédait par un porche étroit où deux véhicules ne pouvaient pas se croiser. Cette bâtisse abritait les services de médecine et l'administration, tandis que la chirurgie occupait un bâtiment de la même époque édifié dans le tiers de la cour, derrière le bâtiment de façade dans lequel se trouvait un service d'hospitalisation militaire et le centre de transfusion. À l'opposé, vers le fond de la cour, deux bâtiments se faisaient face et abritaient respectivement la pédiatrie médicale et chirurgicale et l'urologie. Un peu plus loin, clôturant la cour, se trouvaient un pavillon de psychiatrie et un autre abritant les spécialités d'ORL et d'ophtalmologie. Le long de l'enceinte bordant l'avenue de la Révolution, un bâtiment, datant du début du siècle, abritait la maternité et un service de néonatologie. À proximité du bâtiment de chirurgie, un pavillon plus moderne comportait un rez-de-chaussée recevant les urgences et un étage destiné à l'hospitalisation de neurochirurgie, tandis qu'un préfabriqué, élevé devant les pavillons de spécialités, accueillait les patients chroniques de neurochirurgie. Derrière le bâtiment de pédiatrie, l'administration avait fait édifier une construction de plain-pied pour loger le service d'informatique.

La salle de garde, comportant une cuisine, une salle à manger et deux chambres, était située entre la maternité et le pavillon des urgences.

Les locaux de l'hôpital étaient vétustes et il manquait surtout des services et des équipements essentiels, comme un service de réanimation et un service de néphrologie. Il n'y avait pas de SAMU, alors que ce service avait été créé le 16 juillet 1968 à Toulouse par le professeur Louis Lareng, chef du service d'anesthésie-réanimation. Il est facile d'imaginer que le transfert des patients vers d'autres établissements mieux équipés, comme Bordeaux ou Toulouse, représentait une épreuve difficile et souvent fatale.

Lors de ma prise de fonction, j'avais le projet de m'orienter vers la chirurgie, plus par tradition, car c'était la seule spécialité dont l'accès était réservée aux internes, les autres étant accessibles par l'internat mais aussi par les certificats d'études spéciales (CES). Pour mon premier stage, aucun poste chirurgical n'étant vacant en chirurgie, je choisis l'anesthésie-réanimation, ce qui fit sourire mes condisciples. En effet, le service était quasiment virtuel et peu estimé des internes mais aussi de certains médecins et chirurgiens de l'hôpital qui avaient tendance à considérer que la réanimation était une spécialité qui regroupait des illuminés, partisans de l'acharnement thérapeutique inutile. Très rapidement, j'acquis l'impression d'avoir été parachuté dans la brousse. La plupart des médecins et des chirurgiens exerçaient à temps partiel et se souciaient plus du développement de leur clinique que de l'essor du CHU. Seuls quelques pleins-temps, parmi lesquels le chirurgien-chef des urgences et professeur d'anatomie, le radiologue, professeur d'origine bordelaise, et mon nouveau patron, le professeur Roger Gay, ancien assistant du professeur Sadoul (Nancy), tentaient d'émerger de ce panier de crabes afin de moderniser l'établissement. Le neurochirurgien venant de Strasbourg s'était installé en clinique pendant la guerre et s'était fait connaître comme résistant. Le professeur Dany, bien que temps partiel, défendait l'hôpital, car il voulait y implanter la chirurgie du cerveau et il déployait une belle énergie, opérant le matin en ville et l'après-midi dans la salle d'urgences de l'hôpital. Il assumait seul la quasi-totalité des astreintes. Les autres médecins et chirurgiens temps partiels étaient, en majorité d'anciens internes de Paris qui ne voyaient pas tous d'un bon œil la transformation d'une école de médecine minable en faculté de médecine et de pharmacie. La chirurgie orthopédique et traumatologique était dirigée par un élève du professeur Judet, mais la plupart des interventions étaient confiées au chef de clinique et souvent aux internes. Deux services de chirurgie viscérale étaient dirigés respectivement par un temps partiel à qui ses sympathies pétainistes avaient valu quelques problèmes à la Libération, et par un chirurgien exerçant surtout à la clinique Chénieux et cumulant ses fonctions avec la direction de l'école de médecine. La chirurgie pédiatrique était inexistante, se bornant à des interventions mineures, appendicites, hernies, petite traumatologie, effectuées par un chef de clinique s'occupant également du service d'urologie. Le patron du service de chirurgie pédiatrique n'opérait quasiment jamais, ce qui était considéré préférable par l'ensemble de ses collègues. L'urologie était dirigée par un ancien interne parisien temps partiel, très fin clinicien mais opérateur lamentable et surtout bipolaire, sujet à des accès de manie spectaculaires lorsqu'il oubliait son traitement.

La gynécologie et l'obstétrique étaient dirigées par un temps partiel dont la réputation de bon opérateur était connue des seuls internes qui allaient l'aider en clinique, car on le voyait exceptionnellement à l'hôpital. La maternité ne fonctionnait qu'avec des sages-femmes qui posaient les indications des césariennes exécutées par le chirurgien de garde à leur demande. Finalement, on percevait très rapidement l'animosité entre les quelques agrégés plein-temps désireux d'élever le niveau de l'établissement et les temps partiels qui se seraient volontiers passés de la création de la faculté de médecine et qui considéraient l'hôpital comme un concurrent à neutraliser.

Le laboratoire de biochimie était dirigé par un biologiste compétent. Le laboratoire d'hématologie dépendait du chef de service du centre de transfusion, qui affichait un sourire sarcastique et méprisant chaque fois qu'on émettait la moindre remarque touchant son laboratoire ou ses résultats. Cependant, il était compétent et répondait jour et nuit aux sollicitations des équipes de garde. Un laboratoire d'explorations fonctionnelles et de pharmacologie était dirigé par un plein-temps très motivé qui avait occupé les fonctions de chef de service d'anesthésie avant l'arrivée de mon patron. Son laboratoire effectuait les dosages des gaz du sang et des électrolytes, très utiles pour la pratique de la réanimation. Le laboratoire d'anatomie pathologique était dirigé par un professeur qui avait tout fait pour ne pas avoir de second, dont les comptes rendus étaient peu fiables et souvent incompréhensibles. Très rapidement cependant, un agrégé, ancien de Santé Navale sera nommé, le professeur Catanzano, apprécié pour son humanisme et sa compétence par tout le monde, à l'exception de son patron, vieux catholique réactionnaire.

Mon patron avait été nommé à Limoges à l'issue du concours d'agrégation de 1966. Lorsqu'il était allé se présenter au directeur de l'école de médecine, celui-ci l'avait reçu avec des propos insultants qui avaient déclenché une réponse aussi vigoureuse et peu académique qui expliquait pourquoi ils ne s'adressaient jamais la parole. Lors du premier contact, je me suis trouvé en présence d'un homme courtois, mais ne mâchant pas ses mots lorsqu'il décrivait la situation lamentable de l'hôpital. Il faut dire qu'il disposait d'un petit bureau dans une soupente du bâtiment de médecine et qu'il avait difficilement casé sa secrétaire dans une sorte de cagibi attenant. Côté personnel, l'anesthésie chirurgicale était exercée par des médecins du cadre hospitalier temporaire d'anesthésie, au nombre de deux spécialistes du deuxième grade et de deux chefs de clinique. Une troisième spécialiste du deuxième grade était affectée à l'hôpital

Le Cluzeau dans le service de chirurgie thoracique et vasculaire dirigé par le professeur Kim, qui travaillait aussi en clinique avec cette anesthésiste. Il y avait deux ou trois étudiants préparant le CES d'anesthésie-réanimation et des infirmières anesthésistes qui effectuaient un grand nombre d'anesthésies sans supervision d'un médecin.

À cette époque, le nombre de médecins anesthésistes était faible, car le CES avait été créé en 1946. La plupart des cliniques et des petits établissements étaient dépourvus de médecins et les infirmières anesthésistes exerçaient souvent seules sous la responsabilité du chirurgien. Il n'y avait pas encore de praticiens hospitaliers, mais le ministère de la Santé, ayant pris conscience qu'il faudrait un grand nombre de médecins par rapport aux besoins universitaires de la discipline, avait créé un cadre hospitalier temporaire comportant des adjoints, des spécialistes du deuxième grade puis du premier grade. Mon patron avait effectué son CES à Paris, dans le service du professeur Yvonne Noviant, belle-sœur du professeur Sadoul de Nancy. C'est ainsi qu'il fut envoyé à Nancy, où il organisa la réanimation des insuffisants respiratoires du service de pneumologie et participa à la recherche en physiopathologie respiratoire de ce service de réputation internationale. Son intérêt allait, manifestement, surtout vers la réanimation et il se battait pour accélérer la construction de son service que l'administration avait prévu d'édifier au-dessus de l'unité d'informatique.

En attendant, les patients relevant de la réanimation étaient accueillis dans une chambre à quatre lits du service des urgences. Cet accueil provisoire posait beaucoup de problèmes, car nous n'avions pas d'autre choix que d'utiliser les infirmières des urgences qui avaient d'autres occupations et qui, pour certaines, se désintéressaient de notre activité d'autant que leur chef de service nous voyait d'un mauvais œil occuper une partie du service qu'il avait surnommée, d'un terme méprisant, « la grotte ».

Je m'occupais des quatre patients occupant cette chambre qu'il fallait surveiller de près, car ils étaient, la plupart du temps, soumis à ventilation artificielle avec des appareils qui étaient éloignés du dernier cri en la matière. Le patron étant souvent absent pour cause de congrès ou de réunions nationales avec ses amis de l'une des sociétés d'anesthésie, je m'occupais seul des patients et les acquis de mon passage et des gardes en réanimation à Bordeaux me furent bien utiles. J'étais capable de pratiquer les trachéotomies de mes patients, ce qui n'échappa pas au neurochirurgien qui, très vite, me demanda d'effectuer ce geste pour ses patients comateux. Du reste, je devins rapidement familier du professeur Dany qui opérait dans la salle des urgences tous les après-midis et qui avait besoin d'un aide. C'était un remarquable clinicien qui voyait les moindres détails d'un coup d'œil et un excellent chirurgien qui opérait avec rapidité et sûreté. Un moment, j'ai hésité à m'orienter vers la neurochirurgie, mais j'ai renoncé, car l'avenir hospitalier paraissait bouché par la présence d'un chef de clinique qui espérait finir agrégé et qui, en fait, choisira de s'installer en clinique après qu'un Lyonnais eut été parachuté à Limoges.

Je prenais mes gardes en chirurgie, n'ayant pas renoncé à m'orienter vers cette discipline, bien que les quelques appendicites que les chefs de clinique m'ont fait opérer m'aient paru quelque peu fastidieuses. Du reste, au bout de quelques mois, mon patron me demanda si je ne voulais pas rester avec lui et me consacrer à l'anesthésie-réanimation. Je lui répondis que j'étais intéressé par la spécialité, mais que je désirais poursuivre si possible une carrière hospitalo-universitaire. Il me répondit que, si j'effectuais ma part du parcours, je pourrais compter sur son soutien.

Je m'entendais bien avec mon patron malgré sa tendance un peu colérique. En particulier, j'appréciais les réunions hebdomadaires dans sa soupente, au cours desquelles il nous demandait de préparer des exposés d'anesthésie et de réanimation à destination des étudiants inscrits au CES. Il nous poussait ainsi à faire de la recherche bibliographique et à utiliser les livres et les revues qu'il s'efforçait de réunir pour que nous puissions nous cultiver et actualiser nos connaissances. Je passais le plus clair de mon temps à l'hôpital, d'autant que mon épouse était restée à Bordeaux en attendant que j'effectue mon service militaire. Je regagnais, souvent très tard le soir, la chambre que me louait une vieille dame dans Limoges.

Ma décision étant prise, je décidai de rester dans le service au semestre suivant. La construction du service de réanimation était achevée et nous allions pouvoir travailler dans de meilleures conditions, avec des ventilateurs pulmonaires et des appareils de surveillance modernes. Le service comportait neuf lits et, outre le bureau et le secrétariat du chef de service, le patron avait prévu des bureaux pouvant servir de chambre de garde et un local dont il espérait faire un jour un laboratoire. Les infirmières recrutées pour le service de réanimation sortaient de l'école. Elles étaient toutes jeunes et enthousiastes de travailler dans un service neuf et dépourvu de religieuse, car la surveillante était une infirmière anesthésiste.

Dès l'ouverture du service, nous avons admis un patient qui avait, en fait, pris rendez-vous pendant la fin des travaux. Il s'agissait d'un jeune homme tétraplégique, dépendant d'un respirateur, en l'occurrence d'un appareil Engström. Sa tétraplégie datait de l'épidémie de poliomyélite de 1957. Son frère, ambulancier, lui faisait faire des sorties pour égayer sa vie. Ce jeune homme avait des calculs dans les reins et souhaitait être hospitalisé pour faire un bilan biologique et radiologique de sa lithiase. Le patron tenait à prendre la première garde avec ce seul patient. Le lendemain matin, lorsque les internes et les externes ont pris leur fonction, le patron avait la mine sombre. En effet, au milieu de la nuit, il avait été appelé, car le patient venait de faire un arrêt cardiaque brutal que la réanimation immédiate ne parvint pas à faire repartir. Ce patient, qui vivait depuis des années sous respiration artificielle, avait eu le mauvais goût de faire une embolie pulmonaire massive et de mourir dans un service de réanimation tout neuf avec tout le personnel présent rien que pour lui. Aucun de nous n'osa le moindre sourire, encore moins le patron qui dut annoncer la nouvelle à une famille pas convaincue de la fatalité de l'accident.

Quelques mois plus tard, le patron demanda à la famille s'ils accepteraient que l'hôpital rachète le respirateur de leur défunt. Il essuya un refus indigné.

Dès le début, le service fut rapidement plein, principalement de complications postopératoires de chirurgie viscérale, d'accidentés de la circulation, d'insuffisants respiratoires en phase aiguë et de détresses d'origine infectieuse. La traumatologie routière était, à cette époque, très fréquente. Les accidents, nombreux, et sévères, alimentaient les services de neurochirurgie et de réanimation.

L'interne de garde en réanimation ou en chirurgie, puisque je figurais sur les deux tableaux, était dérangé quasiment toutes les nuits par les urgences de traumatologie crânienne. Le scanner n'existait pas et nous devions nous contenter de radiographies du crâne et, lorsque l'état neurologique était grave, d'une artériographie cérébrale[10] pour tenter de préciser les lésions. L'artériographie cérébrale était à l'état rudimentaire ; elle consistait à ponctionner successivement les deux carotides et à opacifier le lit vasculaire par l'injection manuelle et rapide du produit de contraste. Le neurochirurgien se chargeait de la ponction de carotide et de l'injection du produit. Au début de l'injection, il criait « feu », signal destiné au manipulateur qui tirait manuellement les trois cassettes. Deux injections permettaient ainsi une vue des artères de face et de profil. Inutile de préciser que nous étions bien loin de la précision des artériographies actuelles numérisées et encore plus loin de la précision du scanner ou de l'IRM. Lorsque les signes cliniques montraient une aggravation rapide de l'état neurologique et que les clichés étaient en faveur du refoulement des vaisseaux par ce qui paraissait une contusion cérébrale ou un hématome, le patient était transféré au bloc opératoire et opéré. Dans les meilleurs des cas, l'évacuation d'un hématome extra ou sous-dural permettait d'améliorer l'état du patient. Seul, l'hématome extradural isolé permettait une amélioration spectaculaire. L'hématome sous-dural était de plus mauvais pronostic, car le cerveau sous-jacent était plus ou moins lésé. Lorsqu'existait une contusion cérébrale avec plus ou moins d'œdème, la

10. Artériographie cérébrale : opacification de la circulation du cerveau par l'injection d'un produit de contraste opaque aux rayons X. À cette époque, l'examen était réalisé par ponction des carotides, actuellement, l'injection se pratique par cathétérisme à partir de l'artère fémorale.

chirurgie évacuait de la matière cérébrale hémorragique et œdémateuse afin de pouvoir arrêter tout saignement et de pouvoir refermer le volet crânien. Bien entendu, les séquelles, dans ces cas, étaient lourdes et nombre de ces traumatisés crâniens évoluaient vers un coma chronique ou de graves suites.

L'apparition de la tomodensitométrie ou scanner a révolutionné la traumatologie crânienne à partir de 1972. Le traumatisé crânien grave est devenu un patient de réanimation soumis à ventilation artificielle et sédation. Seuls les hématomes extra ou sous-duraux restent des indications chirurgicales en urgence, ainsi que les embarrures[11].

Au début de mon internat, le neurochirurgien se déplaçait quasiment chaque nuit pour opérer alors qu'il est actuellement rarement dérangé en urgence pour un traumatisme crânien.

Le service de réanimation accueillait beaucoup de patients polytraumatisés graves, y compris des enfants, car il n'y avait pas encore de service de réanimation pédiatrique. L'un des internes en pédiatrie viendra effectuer des semestres et des gardes dans le service avant d'ouvrir une unité de réanimation qu'il continuera de diriger dans le futur CHU.

Le recrutement du service était varié. Bien que cette maladie soit en nette régression par rapport à mon passage en réanimation comme externe, nous avons traité plusieurs patients atteints de tétanos.

11. Embarrure : enfoncement localisé de la boîte crânienne.

Le service était équipé de respirateurs SF4 dont le nom venait de ceux qui l'avaient mis au point : Sabatier et Fourens. Le professeur Sabatier était un anesthésiste du CHU de Bordeaux qui s'était associé à un ingénieur pour concevoir une machine destinée à concurrencer l'appareil suédois Engström.

La ventilation artificielle s'était développée surtout en 1957, lors de l'épidémie de poliomyélite qui avait frappé l'Europe et avait provoqué, par son atteinte bulbaire, de nombreux cas de détresse respiratoire dont la réversibilité était impossible à prévoir.

Par la suite, la ventilation artificielle fut étendue progressivement à tous les cas d'insuffisance respiratoire aiguë. Dans le service, nous appliquions la ventilation artificielle à des traumatisés thoraciques dont les multiples fractures de côtes provoquaient la mobilisation paradoxale d'une partie de la cage thoracique.

Nous avions aussi un recrutement régulier, surtout en hiver, de patients atteints de broncho-pneumopathies obstructives dues au tabagisme plus ou moins aggravé par des pollutions industrielles. Ces patients, très fragiles, faisaient une insuffisance respiratoire aiguë lorsqu'ils contractaient une infection respiratoire, bactérienne ou virale. Une fois qu'ils étaient placés sous respiration artificielle par intubation ou trachéotomie, il était souvent difficile et long de les sevrer et ainsi de retirer le tube trachéal ou la canule de trachéotomie. Aussi, nous avons eu l'idée de ventiler ces patients par l'intermédiaire d'un masque facial. Mon patron avait expérimenté cette technique dans le service du professeur Sadoul à Nancy et je l'avais également vu appliquer dans le service du professeur Castaing à Bordeaux par le professeur Chevais. Nous espérions, avec cette technique, écourter la période de sevrage de la ventilation artificielle et éviter la surinfection pulmonaire quasi constante lorsque les patients étaient intubés ou trachéotomisés. Cette technique séduisante nécessitait une surveillance accrue, car il fallait aider le patient à adapter sa respiration à celle que lui délivrait la machine, et, en cas d'échec, il fallait pouvoir intervenir immédiatement pour intuber le malade. Les machines de cette époque n'avaient pas été conçues pour cette utilisation, comme les respirateurs actuels qui sont équipés d'un mécanisme d'aide inspiratoire que le patient déclenche facilement. Les masques dont nous disposions étaient faits d'un caoutchouc dur mal supporté et présentaient des fuites, à moins d'être très serrés sur le visage. À Bordeaux, le professeur Chevais avait acheté dans des boutiques de surplus militaires des masques d'aviateur fixés sur un casque en cuir. Cette technique de ventilation non invasive, couramment utilisée aujourd'hui, a donc été inaugurée en France par nos trois services.

La pathologie infectieuse amenait beaucoup de patients à la réanimation, soit en postopératoire de chirurgie viscérale, soit à la suite d'avortements clandestins.

L'avortement était très largement pratiqué et malheureusement pas dans des conditions optimales sur le plan de l'asepsie. Tous les week-ends, dans tous les hôpitaux, les équipes de garde faisaient un grand nombre de curetages afin d'évacuer les restes d'avortements pratiqués souvent par des non-médecins. L'interne de garde en réanimation était amené à voir les plus graves que les pompiers ou des ambulanciers amenaient aux urgences. C'est ainsi que j'ai été amené à voir mourir des patientes jeunes qui arrivaient en état de choc infectieux. Je me souviens en particulier d'une jeune femme, avortée à domicile par un médecin généraliste connu pour cette pratique, qui est arrivée mourante et dont l'examen montrait une gangrène gazeuse dont l'origine était une perforation utérine. La palpation révélait une crépitation due à la présence de gaz sous-cutané qui descendait du pli inguinal jusqu'à mi-cuisses.

Peu de temps après, une jeune fille de 15 ans, envoyée par le même praticien, est arrivée décédée au service d'urgence. En accord avec mon patron, j'ai effectué l'autopsie et trouvé un fœtus de 20 cm qui était passé par une large perforation utérine. Devant la répétition de ces drames, le cas fut signalé à la justice et le responsable poursuivi. Personnellement, je ne lui reprochais pas d'effectuer des avortements, mais de les faire dans de mauvaises conditions. Il y avait à Limoges un gynécologue qui effectuait des interruptions de grossesse sans que jamais une de ses patientes ait eu de complications graves.

Le gros problème du service de réanimation était l'absence de rein artificiel : cela avait coûté la vie à certains patients qui avaient une anurie[12] avec augmentation rapide de leur concentration sanguine de potassium et ont fait des troubles du rythme et un arrêt circulatoire avant toute tentative d'évacuation sur un centre d'hémodialyse. C'était en particulier le cas des septicémies *post-abortum* à perfringens qui s'accompagnaient d'une hémolyse aiguë avec, rapidement, une hyperkaliémie fatale[13].

J'ai gardé le souvenir cuisant d'une jeune fille de 25 ans, étudiante en pharmacie arrivée avec une septicémie *post-abortum* à perfringens qui est décédée peu après son admission d'un arrêt cardiaque dû à une hyperkaliémie. Mon patron, conscient du problème, décida de m'envoyer, dès que possible, me former dans un service de néphrologie.

Début avril, j'ai sollicité un congé sans solde afin de résilier mon sursis et de satisfaire à mes obligations militaires. J'ai été incorporé début mai 1969 et envoyé au camp de Souge, à une quarantaine de kilomètres de Bordeaux, pour effectuer deux mois de classes, car, à

12. Anurie : arrêt des urines pouvant s'observer chez des patients atteints d'insuffisance rénale chronique terminale et aussi chez des patients atteints de maladies graves réversibles, comme un accident transfusionnel ou une septicémie *post-abortum* ou tout autre état de choc. L'insuffisance rénale aiguë est réversible en deux à trois semaines à condition de maintenir le patient au rein artificiel pendant ce délai.
13. Les avortements septiques provoquaient fréquemment une septicémie à bacille perfringens qui provoquait une destruction massive des globules rouges, ou hémolyse, avec libération de leur potassium dont l'élévation peut entraîner des troubles du rythme et aboutir à un arrêt cardiaque fatal.

cette époque, les médecins étaient assujettis aux classes comme tout le monde. Plus tard, ce passage a été supprimé et les médecins ont été affectés directement à l'école d'officiers de Libourne. Je pense que les officiers d'active ne souhaitaient plus recevoir les médecins ni les pharmaciens qui semaient bien souvent la pagaille au camp de Souge.

J'ai toujours été, comme beaucoup de Français, antimilitariste et j'ai manifesté mes opinions dès mon incorporation en refusant de participer aux exercices proposés pendant cette période de classes. Sachant que j'avais un spondylolisthésis radiologique[14], découvert lors d'un épisode de lombalgie, je consultais tous les matins l'aspirant de garde afin d'être exempté et tranquille pour la journée. Un beau jour, je suis tombé sur le médecin-chef qui, au vu de mes consultations quotidiennes, m'envoya à l'hôpital militaire Robert-Picqué de Bordeaux. Là, j'ai rencontré un collègue interne en chirurgie avec qui j'avais été externe en réanimation. Il m'a gentiment rempli un ordre d'hospitalisation et je me suis retrouvé dans un lit, dans le secteur des sous-officiers d'active, car l'infirmier-chef m'avait promis qu'on y était mieux traité. J'avais un costume civil dans mon placard qui me permettait de sortir tous les après-midis discrètement pour rejoindre la place de la Victoire où je pouvais rencontrer mon épouse entre ses cours et passer mon temps avec des amis au

14. Spondylolisthésis: malformation congénitale ou parfois acquise d'une vertèbre lombaire, en général la cinquième, provoquant des épisodes de lombalgies.

bistrot de la faculté. Au bout d'une dizaine de jours, un médecin-commandant est passé et m'a demandé si je souhaitais être réformé, et je me suis retrouvé devant les colonels de la commission de réforme qui ont émis un avis favorable. Je n'en croyais pas mes oreilles, car, habituellement, l'avis des colonels était soumis au médecin-général et certains de mes amis m'avaient informé que celui-ci les avait convoqués pour les avertir qu'ils auraient à exercer dans l'armée le même métier que dans le civil. La chance a voulu que le médecin-général ait pris sa retraite quelque temps avant et que son successeur n'ait pas encore été désigné. Grâce à ces circonstances favorables, j'ai pu installer ma femme et ma fille dans un appartement à Limoges et effectuer des remplacements de médecine générale afin de pouvoir vivre à Paris au prochain semestre, car mon patron m'avait trouvé un stage dans le service de réanimation de l'hôpital Foch à Suresnes.

Un mois avant de prendre mes fonctions à l'hôpital Foch, j'ai fait l'aller-retour à Suresnes afin de me présenter au professeur Marcel Legrain. Il était alors habituel d'aller se présenter aux patrons avant de prendre ses fonctions dans leur service. Je m'attendais à un accueil bref de la part d'un patron très occupé, mais j'eus la surprise de rencontrer un homme sympathique et chaleureux qui m'interrogea sur ma situation de famille et mes moyens d'existence pendant six mois à

Suresnes. Il me proposa de m'obtenir une chambre dans l'hôpital, ce qui me retira le principal souci. Il me demanda quel avenir était prévu pour moi et, comme je lui précisais que mon patron me destinait à l'anesthésie-réanimation, il me proposa de m'affecter dans le service de réanimation du docteur Raymond Nedey. La question du professeur Legrain n'était pas innocente, car il savait qu'il n'y avait toujours pas de néphrologue à Limoges, et il était probablement informé que certains médecins de Limoges, dont le professeur de pharmacologie, avaient sollicité le professeur Richet afin qu'il prépare un candidat à ce poste.

J'ai donc débuté un semestre d'internat dans le service de réanimation du docteur Raymond Nedey le premier octobre 1970. Sachant que le but de ce semestre était de démarrer un secteur d'hémodialyse aiguë à Limoges, il m'affecta au rein artificiel qui fonctionnait tous les jours. Le docteur Nedey était un homme chaleureux et passionné par la réanimation et la physiologie. Il avait mis au point un appareil capable de mesurer la consommation d'oxygène et le rejet de gaz carbonique en continu et, comme tous les médecins et internes du service, j'ai eu droit à une mesure de mon métabolisme basal, un matin de bonne heure et à jeun. Raymond Nedey était cardiologue et il avait créé le service de réanimation à la demande des chirurgiens de l'hôpital Foch. L'hôpital Foch était alors la propriété de la SNCF et avait une convention avec l'Assistance publique de

Paris. Il employait des équipes chirurgicales réputées et il s'y pratiquait une chirurgie lourde qui nécessitait très souvent une prise en charge postopératoire en réanimation. Le service recevait aussi beaucoup de patients adressés par d'autres services de province ou des hôpitaux de Paris. Les médecins du service étaient internistes et néphrologues et, parmi les internes, j'étais le seul à m'orienter vers l'anesthésie-réanimation. Tous les matins, j'étais chargé de faire les prescriptions des patients dialysés, sous la responsabilité du professeur Chapman, un interniste très « british », très courtois et surtout à la culture médicale impressionnante. Les patients dialysés avaient une insuffisance rénale aiguë, donc réversible en quelques semaines. Leur insuffisance rénale résultait d'affections diverses ; infectieuses postopératoires, *post-abortum*, chocs hémorragiques ou traumatiques, mais également post-greffe rénale, car il était assez fréquent que le rein transplanté ne reprenne pas immédiatement sa fonction. Les tubulopathies post-greffe étaient dialysées dans le service de réanimation et je recevais, dans ce cas, la visite du professeur Legrain qui venait voir ses patients et vérifiait mes prescriptions. Cela me rendait inquiet, cependant, je n'eus jamais à essuyer de critique désobligeante, ce qui ne l'empêchait pas de modifier toutes mes décisions en m'expliquant toujours pour quelles raisons elles étaient discutables.

J'arrivais tous les jours à huit heures, avant tout le monde, car j'habitais dans l'hôpital alors que les autres médecins affrontaient les embouteillages du bois de Boulogne. Un matin, alors que j'étais seul dans le bureau médical, j'ai reçu un appel affolé d'une infirmière du service de chirurgie, situé à l'étage au-dessus, pour un arrêt cardiaque. Arrivé en courant, j'ai intubé le patient et aidé l'infirmière à continuer le massage cardiaque. Une sonde gastrique mise en place à cause d'une voussure épigastrique (du haut de l'abdomen) ramena une grande quantité de sang rouge vif. L'infirmière m'aida à descendre le patient au bloc opératoire en direction de la salle de chirurgie digestive. Je mis en route la ventilation artificielle, mais je cherchais les médicaments anesthésiques dans les tiroirs, car je n'avais jamais mis les pieds au bloc. Je voulais en particulier administrer au moins un curare pour faciliter le travail du chirurgien. Pour le reste, le patient n'était pas conscient même s'il avait repris une activité cardiaque. L'infirmière avait commandé du sang afin de transfuser rapidement le malade. Pendant ce temps, le chirurgien avait déjà mis les champs et ouvert l'abdomen et, en moins de dix minutes, il avait enlevé la rate, dans laquelle un ulcère de l'estomac s'était perforé, et jugulé l'hémorragie avant de me demander d'endormir le patient pour qu'il puisse continuer l'opération plus facilement. L'opérateur était le chef de service de chirurgie digestive, le professeur Mouchet que j'avais aperçu dans le service de réanimation auprès de ses patients. Malgré ses 70 ans, il arrivait toujours le premier dans son service et il faisait partie de ces vieux chirurgiens polyvalents capables d'opérer avec une grande rapidité dans les cas d'urgence absolue. Après que l'hémorragie eut été jugulée, j'ai pu quitter le bloc opératoire et laisser le patient à l'anesthésiste de la salle qui venait d'arriver.

Petit à petit, je me suis intégré à l'équipe médicale et infirmière du service. Le service recevait beaucoup de patients de chirurgie digestive et thoracique lourdes ; duodénopancréatectomies, œsophagectomies, fistules digestives postopératoires. La plupart de ces patients recevaient une alimentation intraveineuse, technique très récente, mise au point en particulier par des équipes suédoises.

Les patients des neurochirurgiens représentaient une part importante du recrutement. L'équipe de neurochirurgie de l'hôpital Foch était connue pour sa pratique de la chirurgie des tumeurs de la région suprahypophysaire, en particulier les craniopharyngiomes. Dans les suites opératoires, la principale complication était l'apparition d'un diabète insipide[15]. L'un des assistants du service avait consacré sa thèse au diabète insipide postopératoire et je pus ainsi me familiariser avec la réanimation postopératoire de ces patients.

Le service recevait également les patients opérés par le professeur Tessier et son équipe de chirurgie maxillofaciale. Monsieur Tessier avait mis au point la plupart

15. Diabète insipide : les lésions de la partie postérieure de l'hypophyse et de la zone cérébrale sus-jacente, l'hypothalamus, peuvent provoquer en postopératoire une diurèse massive faite d'urine très diluée, qui doit être traitée sous peine de déshydratation grave.

des techniques opératoires des grandes malformations de la face. Ces patients, souvent très jeunes, subissaient des interventions lourdes répétées qui duraient souvent huit à douze heures et exigeaient parfois la présence simultanée d'une équipe neurochirurgicale. Les patients avaient une place réservée dans le service dès la programmation de l'intervention. Le professeur Tessier venait voir ses patients et nous expliquait la technique opératoire avec, souvent, force schémas. Ses explications étaient passionnantes bien que parfois difficiles à suivre pour moi qui étais loin de posséder sa connaissance d'une anatomie aussi compliquée que celle de la face. Le professeur Tessier était un homme simple et sympathique. Il s'absentait souvent, car il était invité par des équipes internationales, européennes et américaines, qui souhaitaient apprendre ses techniques.

Parfois, nous recevions des patients qui étaient passés au préalable par d'autres unités de chirurgie et de réanimation dans d'autres établissements. Ces malades avaient souvent des troubles ioniques et métaboliques complexes, plus ou moins aggravés par les nombreux traitements reçus avant leur transfert. Dans certains de ces cas difficiles, les médecins du service sollicitaient l'avis du professeur Legrain. Celui-ci épluchait soigneusement le dossier, examinait le patient, puis nous déclarait : « Je pense avoir compris ». C'était le moment de bien écouter la démonstration lumineuse de physiopathologie métabolique énoncée très simplement. J'ai conservé de ces moments privilégiés une grande admiration pour Marcel Legrain.

L'un des internes du service me mit en contact avec l'interne de chirurgie cardiaque qui organisait la garde dans ce service. Je pus ainsi assurer quatre à cinq gardes par mois, parfois plus. Les gardes étaient bien payées à l'hôpital Foch alors qu'elles n'étaient pas rétribuées dans le public. Cependant, il ne fallait pas compter se reposer, car on était réveillé au moins toutes les heures. Le service de chirurgie cardiaque de l'hôpital Foch, dirigé par le professeur Daniel Guilmet, effectuait beaucoup de pontages aorto-coronariens, technique qu'il avait contribué à mettre au point avec une équipe lyonnaise. L'équipe chirurgicale était réputée et certains patients étaient adressés de loin. Ainsi, nous avons eu le directeur d'une chaîne de télévision allemande, transféré pour une dissection de la crosse de l'aorte. Un ministre du général de Gaulle est également passé dans le service. Nous étions de garde pour le service de chirurgie, mais également pour les soins intensifs du service de cardiologie situé à l'étage en dessous.

Je me souviens d'un patient qui devait subir un pontage aorto-coronarien le lendemain matin en urgence, car il avait un état de mal angineux[16] depuis sa coronarographie de l'après-midi. Cet homme, PDG d'un grand laboratoire pharmaceutique, ne pouvait pas dormir à cause de la

16. Douleur thoracique intense et incoercible due à l'aggravation de l'insuffisance coronaire après l'examen par coronarographie.

douleur et, les infirmières et moi, nous lui avons tenu compagnie une partie de la nuit. Je me souviens qu'il me racontait que des douleurs angineuses intenses le prenaient parfois, lorsqu'il remontait les Champs-Élysées au volant de sa Ferrari et qu'il lui arrivait alors de prendre jusqu'à douze pilules de trinitrine[17]. Après cela, je faisais un peu plus attention en traversant les grandes avenues sur les passages cloutés.

Mon séjour dans le service de réanimation et à l'hôpital Foch en général s'est bien passé, je m'y suis fait quelques amis et, surtout, je me suis formé à la réanimation métabolique et rénale, à la nutrition parentérale qui en était à ses débuts et à la réanimation chirurgicale, en particulier viscérale et neurologique.

J'ai appris, grâce aux médecins du service, à poser les shunts de Scribner pour permettre de dialyser les patients. Le rein artificiel mis au point en Hollande par Kolff en 1943 sera utilisé chez des patients atteints d'insuffisance rénale aiguë (réversible) dès les années 50 en France, à l'Hôtel-Dieu par l'équipe de Dérot et Legrain, ainsi qu'à Necker par Hamburger, Richet et Crosnier. Parmi les obstacles à la répétition des séances d'épuration, figurait l'épuisement rapide du capital veineux du patient. En 1960, l'américain Belding Scribner mit au point un shunt fait de deux tubes en téflon reliés par un connecteur entre une artère et une veine. La déconnexion des deux branches

17. Trinitrine : vasodilatateur puissant destiné au traitement de la crise douloureuse coronarienne.

du shunt permettait de relier le patient au rein artificiel. Ce dispositif fut utilisé pour dialyser les insuffisances rénales aiguës réversibles en quelques semaines, puis les premiers insuffisants rénaux chroniques jusqu'à son remplacement par la fistule artério-veineuse chirurgicale mise au point par James Cimino.

La pose d'un shunt artério-veineux était un geste minutieux qui prenait au moins une à deux heures, ce qui pouvait empêcher la mise en route d'une séance de rein artificiel en urgence chez un patient en œdème pulmonaire ou menacé par une grande hyperkaliémie. Dans ce dernier cas, il pouvait être nécessaire de pratiquer une exsanguino-transfusion préalable[18] pour éviter les risques de décès par hyperkaliémie.

Pendant mon séjour, le professeur Chapman, responsable de l'unité de recherche INSERM attachée au service, me confia un travail dont le but était de confirmer l'hypothèse d'une séquestration des globules blancs par la membrane du rein artificiel au tout début de la séance d'hémodialyse. Pour cela, il me fallait prélever 400 centimètres cubes de sang au patient, puis récupérer les globules blancs au laboratoire par une technique de contre-sédimentation. Après cela, il fallait marquer les globules blancs récoltés avec du chrome radioactif, puis les réinjecter au patient avant la dialyse afin de permettre un comptage externe de la radioactivité. Les problèmes

18. Remplacement de la totalité de la masse sanguine destiné à remplacer les globules rouges hémolysés et abaisser ainsi rapidement le taux de potassium plasmatique.

logistiques étaient énormes. En effet, il fallait prélever le sang très tôt le matin afin de ne pas trop retarder la séance de rein artificiel prévue pour durer six heures. De plus, il fallait récupérer 400 cc de sang, ce qui n'était pas toujours possible, car le capital veineux du patient n'était pas facile. Dans ces cas, la saignée par la branche artérielle du shunt devait être lente, car pas toujours bien supportée. Une fois les globules blancs récupérés, je prenais le train pour Paris (la gare est en face de l'hôpital), puis le métro pour l'hôpital Saint-Louis où s'effectuait l'incubation avec le chrome radioactif. Pendant cette opération, j'avais le temps de boire un café au bistrot du coin avant de reprendre métro et train pour Suresnes en cachant sous mon imperméable la boîte contenant les globules marqués, frappée du sigle « radioactivité danger ». En perdant le moins de temps possible, la séance d'hémodialyse pouvait commencer vers midi. J'ai réussi, malgré la complexité logistique, à inclure quelques patients. L'hypothèse de la séquestration sur la membrane de dialyse s'est confirmée, mais le nombre de cas explorés était insuffisant pour générer une publication sérieuse.

Le premier avril, j'ai repris mon internat dans le service de réanimation de Limoges. Avant mon retour, le patron avait fait commander un rein artificiel semblable à celui du service de réanimation de Foch ainsi que tout le matériel nécessaire à la pose des shunts.

Le premier patient dialysé était un jeune homme qui était entré en anurie au décours d'une pneumonie. L'insuffisance rénale était probablement secondaire à un ou plusieurs passages sanguins de son infection. L'évolution a été simple, et je me souviens de la mère du jeune homme, une femme âgée, couvant un petit dernier tardif, que nous avions autorisée à rester près de son fils pendant les séances de dialyse, et qui lui frictionnait les pieds avec de l'eau de Lourdes.

Très rapidement, l'activité de dialyse du service a augmenté et il fallut envoyer une deuxième infirmière en formation à Paris (la première était venue en stage avant mon retour). Nous recevions des patients atteints d'insuffisance rénale aiguë, mais aussi des malades chroniques atteignant le stade terminal. Pourtant, au cours d'une séance d'enseignement postuniversitaire organisée par mon patron, j'avais bien insisté sur la différence entre insuffisance rénale aiguë réversible et insuffisance chronique relevant d'un service de néphrologie pas encore présent à Limoges. Je vis même arriver un homme d'environ 50 ans avec sa valise à la main, tendant de l'autre un morceau de papier avec l'inscription « urée = 4g/litre, soit dix fois la normale. Après avoir mis le patient dans un lit et vérifié qu'il était bien anurique et avait un taux d'urée considérablement élevé, il ne restait plus qu'à lui poser un shunt artério-veineux et à le dialyser en attendant de faire faire une fistule artério-veineuse par un chirurgien vasculaire et de lui trouver une place dans un centre de dialyse plus ou moins éloigné de Limoges. À Paris, j'avais appris à poser un shunt entre l'artère tibiale postérieure et la veine saphène interne à la cheville. Ces deux vaisseaux, n'étant pas utiles pour la pratique ultérieure d'une fistule artério-veineuse, permettaient de dialyser le patient en attendant le développement de la fistule artério-veineuse du membre supérieur qui faciliterait sa ponction et son débit.

Le nombre de patients augmentant, j'ai profité d'une absence du patron pour faire livrer un rein artificiel permettant de dialyser simultanément deux patients afin d'éviter la prolongation des séances au-delà des heures de travail normales des infirmières. Au retour du patron, il y eut une rencontre animée avec le directeur de l'hôpital qui finit par régler la note, non sans crier au chantage quand je lui avais proposé de venir débrancher les patients qui étaient en pleine séance.

Tous les jours, deux patients étaient dialysés, ce qui constitue un nombre élevé même en décomptant les malades chroniques qui étaient de passage dans le service. À cette époque, beaucoup de patients postchirurgicaux ou polytraumatisés faisaient une insuffisance rénale aiguë par retard à une réanimation efficace. La situation s'est améliorée en partie grâce aux SAMU qui prennent en charge les patients à un stade plus précoce et traitent rapidement tout état de choc. Les patients évitent ainsi l'hypovolémie et l'état de choc hémorragique ou traumatique prolongés.

En 1971, l'avortement était encore interdit et pénalement sanctionnable en France. Les femmes qui avaient les moyens partaient à l'étranger, en Grande-Bretagne, en Suisse ou aux Pays-Bas où l'IVG était légale ; certaines cliniques en France prenaient le risque d'une pratique illégale, et malheureusement, l'artisanat était le lot de l'immense majorité des autres avec des techniques variées mais toutes dangereuses et émaillées de complications plus ou moins graves. Parmi ces complications, la septicémie à bacille perfringens était la plus fréquente et la plus grave. Elle se traduisait, outre la fièvre, par une hémolyse et un état de choc infectieux dont la conséquence habituelle était une insuffisance rénale aiguë. L'hémolyse était responsable d'une élévation plus ou moins rapide et importante de la concentration du potassium dans le plasma. Ce phénomène pouvait aboutir brutalement à un arrêt cardiaque ; aussi, il pouvait être nécessaire de procéder à une exsanguino-transfusion avant de poser un shunt artérioveineux, puis de procéder à l'épuration extra-rénale.

La première patiente victime d'une septicémie *post-abortum* nous fut adressée pour un tétanos, car elle avait des crampes musculaires. En fait, la patiente avait une septicémie à bacille perfringens avec une hémolyse, mais son taux de potassium, bien qu'élevé, restait dans une zone peu dangereuse. Après pose d'un shunt, elle subit sa première séance de rein artificiel. Une nouvelle évaluation clinique révéla une surdité complète, heureusement unilatérale car définitive. En effet, la patiente avait reçu, avant de quitter l'hôpital qui l'envoyait, une dose normale en fonction de son poids de Gentamicine, antibiotique néphrotoxique et ototoxique. L'absence de fonction rénale avait eu pour conséquence l'atteinte d'un taux sanguin toxique pour l'oreille interne, d'où une surdité totale.

Son insuffisance rénale guérit sans séquelles après quinze jours d'évolution et une séance de rein artificiel tous les deux jours.

Un dimanche matin, alors que j'effectuais la visite des patients, j'ai reçu une malade ayant une septicémie *post-abortum*. Son hémolyse était intense et le taux de potassium était menaçant. Il fallait faire baisser ce taux pour éviter un décès brutal avant que la pose d'un shunt permette de la brancher au rein artificiel. Le chef de service du centre de transfusion pouvait nous fournir la quantité de sang (deux fois et demie la masse sanguine) nécessaire à la pratique de l'exsanguino-transfusion. Nous procédâmes à deux avec l'interne de garde ce jour-là. Je surveillais la transfusion de sang frais par un cathéter introduit dans la veine jugulaire interne, tandis que mon collègue procédait à la saignée par un cathéter introduit dans la veine cave inférieure par dénudation de la crosse de la veine saphène interne. Le débit de la saignée était régulé par la pompe du rein artificiel et la quantité suivie par le recueil dans une grande éprouvette graduée, tandis que j'avais transfusé avec avance deux unités de sang afin d'éviter la chute de la tension artérielle. Après ce geste et l'administration de pénicilline, le taux de globules rouges était remonté à la normale et la concentration de potassium s'était éloignée de la zone dangereuse. Nous avions une bonne heure pour placer un shunt artérioveineux puis pour pratiquer la première séance de rein artificiel. À la fin des six heures d'hémodialyse, je pouvais rentrer chez moi après un dimanche bien rempli. Cette patiente âgée de 22 ans mit longtemps avant de récupérer une diurèse et une fonction rénale normales. Au bout d'un mois, alors que nous nous apprêtions à rechercher des lésions définitives, la patiente se décida à retrouver des urines progressivement croissantes. En effet, l'évolution habituelle se faisait vers la guérison, mais, dans quelques rares cas, l'insuffisance rénale pouvait être en rapport avec une nécrose partielle ou totale du cortex rénal et donner une insuffisance partielle ou totale définitives.

Je me souviens d'un jeune polytraumatisé d'une vingtaine d'années, victime d'un accident de la route. Coincé dans sa voiture, les pompiers durent travailler un moment pour parvenir à le désincarcérer. À son arrivée aux urgences, il était choqué et avait, outre des fractures des membres inférieurs, une plaie de l'intestin grêle. Après la réparation chirurgicale de ces différentes lésions et les transfusions peropératoires, le patient fut transféré dans le service de réanimation, car il était anurique. Après pose d'un shunt, il fut dialysé, d'abord tous les jours, puis tous les deux jours. Au bout de trois semaines, sa fonction rénale était en train de récupérer et un cliché thoracique a été pratiqué à titre systématique, car la radiographie d'entrée n'avait rien révélé d'anormal. Le cliché montra une opacité volumineuse correspondant à un faux anévrisme consécutif à une rupture de l'aorte. J'eus des sueurs froides en pensant à toutes les séances de rein artificiel qu'il avait subies sous héparine et je pris contact immédiatement avec le service de chirurgie cardiaque du professeur Loisance à Créteil. J'espérais qu'il parviendrait à l'hôpital Henri-Mondor avant la rupture du faux anévrisme. Il fut opéré par le professeur Loisance et récupéra sans trop de problèmes de cette aventure.

Toutes les histoires chirurgicales ne se terminaient malheureusement pas aussi favorablement. Je n'oublierai jamais cet homme de 35 ans qui entra dans le service pour une anurie compliquant une pancréatite aigüe hémorragique. Après les premières séances de rein artificiel, le tableau de pancréatite s'est aggravé et les chirurgiens ont dû l'opérer pour constater malheureusement une nécrose de la totalité du pancréas ainsi que des lésions de l'intestin qui les poussèrent à effectuer une résection étendue. La suite de l'évolution s'avéra aussi catastrophique que prévu, car la nécrose continua d'évoluer et, malgré la réanimation et les séances d'épuration extra-rénale, le patient finit par mourir un soir. Les infirmières qui s'étaient occupées de lui et avaient rencontré tous les jours sa femme et son petit garçon étaient en larmes.

Le service recevait aussi régulièrement des intoxications, le plus souvent volontaires. Certaines de ces intoxications étaient caractéristiques de la ruralité de la région. Ainsi, la prise de chloralose contenu dans un raticide était fréquemment observée au début de mon internat et fut le sujet de ma première publication. Les patients arrivaient dans un coma parfois entrecoupé de convulsions et d'une hypersécrétion bronchique. L'évolution était en général favorable après 24 à 48 heures de ventilation artificielle. La strychnine, très utilisée comme raticide et taupicide, était également souvent en cause. Elle entraînait un coma avec des spasmes musculaires et des convulsions. Les vomissements avaient une couleur bleue caractéristique. L'évolution était en général favorable, à condition que les patients soient découverts rapidement.

Certaines intoxications étaient plus étonnantes, comme celle de cette jeune fille, envoyée par un hôpital périphérique, après avoir avalé trois cents comprimés d'un médicament délivré sans ordonnance pour traiter les douleurs menstruelles. Le médicament était en vente libre, car il contenait une association de phénobarbital, de belladone et de phénacétine à des doses par comprimé très faibles. À son arrivée, la patiente était dans un coma profond provoqué par le phénobarbital, car le nombre élevé de comprimés avait fini par faire une dose de plusieurs grammes. De même, la belladone avait provoqué une accélération cardiaque et une dilatation des pupilles (mydriase) et la phénacétine avait provoqué une insuffisance rénale par sa toxicité directe et en raison d'une hémolyse qui expliquait aussi la présence d'un ictère[19]. Tous ces troubles ont régressé en quelques heures de rein artificiel et la patiente a pu être remise en ventilation spontanée avant de quitter le service et d'aller expliquer ses problèmes existentiels à nos collègues psychiatres.

À cette époque, j'ai commencé à utiliser dans le service les techniques de nutrition parentérale que j'avais apprises à l'hôpital Foch. La nutrition parentérale, qui permettait de laisser l'intestin au repos et, en particulier, de nourrir les patients porteurs de fistules digestives, était une technique initiée par des équipes suédoises, spécialement par le professeur Arvid Wretling de Stockholm. Elle consistait à administrer des perfusions hyper-caloriques de glucose à 30 ou 50 % ainsi que des solutions lipidiques. Les protides étaient amenés sous la forme d'hydrolysats de caséine qui fournissaient des acides aminés et des polypeptides (chaînes de plusieurs acides aminés). Les lipides et les hydrolysats de caséine étaient fabriqués par la firme suédoise Vitrum et importés. La grande concentration des solutés, en particulier de glucose, imposait d'utiliser

19. L'ictère ou jaunisse était provoqué par l'hémolyse qui libéra de l'hémoglobine dont le métabolisme provoque la libération de bilirubine responsable de la coloration de la peau et des muqueuses en jaune. La belladone agit sur le système nerveux autonome et accélère le cœur et dilate les pupilles. La phénacétine est un analgésique abandonné à cause de sa toxicité rénale. Le phénobarbital est un barbiturique responsable de coma à forte dose.

un vaisseau à haut débit pour éviter la thrombose. Dans la plupart des cas, un cathéter introduit dans la veine cave par la veine sous-clavière servait à l'alimentation. Lorsque les patients avaient besoin du rein artificiel et d'une nutrition par voie veineuse, j'ai utilisé un raccord branché sur le shunt artérioveineux afin d'éviter d'ajouter le risque d'un cathéter central.

Il nous arrivait d'observer, chez certains patients sous ventilation artificielle à la suite d'un état de choc traumatique, hémorragique ou infectieux, une insuffisance respiratoire réfractaire, c'est-à-dire résistante à la ventilation artificielle. Ces patients avaient des poumons opaques à la radiographie et ne pouvaient être oxygénés par la ventilation artificielle, même en oxygène pur. Ce nouveau syndrome ne faisait encore l'objet que de quelques publications descriptives. Mon patron eut l'idée de réunir à Limoges un symposium international auquel participèrent les équipes européennes et nord-américaines les plus compétentes dans le domaine de la physiopathologie respiratoire. Cette réunion intitulée « Le poumon de choc » fut la première en France à traiter d'une atteinte respiratoire qui allait ensuite être appelée « syndrome de détresse respiratoire de l'adulte » (SDRA) et constituer le principal problème de la réanimation et de la ventilation artificielle pendant des années. Les manifestations respiratoires actuelles de la Covid-19 sont identiques au SDRA, mais comportent une mortalité un peu moins élevée grâce aux progrès des méthodes de réanimation.

Depuis le début de mon internat, j'ai consacré la majorité de mon temps à la réanimation polyvalente, mais je n'ai pas oublié de me former à l'anesthésie que j'ai continué à pratiquer régulièrement. Avec mon collègue et ami Dominique Chantegreil, nous avons décidé d'introduire à l'hôpital de Limoges une technique locorégionale, l'anesthésie péridurale. Dès 1970, nous nous sommes procuré des aiguilles de Tuohy et des cathéters adaptés et nous avons utilisé cette technique pour la chirurgie urologique. À cette époque, il n'était pas question de pratiquer l'analgésie péridurale obstétricale et la plupart des césariennes étaient pratiquées sous anesthésie générale. Les anesthésistes étaient peu nombreux, il y avait quatre praticiens du cadre temporaire d'anesthésie et une chef de clinique, donc beaucoup de patients étaient anesthésiés par des infirmières aides-anesthésistes, même en urgence. En effet, la garde de réanimation était assurée sur place par les internes du service alors que, en anesthésie, seules les infirmières étaient sur place et devaient prévenir le médecin anesthésiste d'astreinte. Certains se déplaçaient plus facilement que d'autres. Dès les débuts du service de réanimation, deux externes se sont inscrits au certificat d'études spéciales d'anesthésie-réanimation. L'un d'eux est retraité et continue à travailler au CHU à temps partiel, l'autre est malheureusement décédée d'un accident cardiaque après avoir été longtemps anesthésiste en chirurgie cardiaque. D'autres étudiants sont venus progressivement s'inscrire à la spécialité et il était nécessaire de les aider à avaler le programme afin qu'ils aient une bonne chance d'obtenir leur diplôme. Au début de mon internat, une réunion hebdomadaire dans le bureau du patron avait pour but d'exposer une question de sciences fondamentales, d'anesthésie ou de réanimation, pour les deux ou trois étudiants locaux. À partir de 1970, leur nombre avait augmenté, car des étudiants bordelais étaient venus à Limoges où il était plus facile d'obtenir un poste d'adjoint du cadre temporaire d'anesthésie-réanimation et d'être rémunéré pendant sa spécialisation. J'ai organisé les cours d'anesthésie-réanimation dans le service et j'en ai assuré le plus grand nombre, car le patron était souvent retenu par des réunions ou par des congrès nationaux ou internationaux.

Les étudiants du CES devaient passer un examen national très sélectif puisque le pourcentage de reçus se situait un peu au-dessous de 50 %. Ils me reprochaient souvent d'avoir, étant interne, le privilège de pouvoir obtenir le diplôme par équivalence, c'est-à-dire sans passer l'examen national. C'est pourquoi, afin de leur prouver que ce privilège n'était pas injustifié, je suis allé à Paris avec eux en 1971 pour passer le CES que j'ai obtenu. À partir de ce moment, j'ai gagné un certain respect de leur part et l'enseignement que je leur proposais a reçu un accueil plus favorable. De plus, j'ai pu remplacer des médecins anesthésistes des cliniques de Limoges pendant mes congés, ce qui m'a permis de connaître les médecins et les chirurgiens de la ville qui, souvent, adressaient des patients dans le service de réanimation.

Les gardes revenaient souvent dans le service de réanimation, car nous étions quatre internes et un médecin est venu nous renforcer. Le docteur Louis Campan était un jeune pneumologue que le patron avait connu à Nancy, dans le service du professeur Sadoul. Il avait fait fonctionner le service d'exploration fonctionnelle respiratoire du plateau d'Assy, puis avait souhaité se spécialiser en anesthésie-réanimation et avait obtenu un poste dans le service de réanimation de Limoges. Nous nous entendions bien et il nous rendait de grands services. À cette époque, les gardes n'étaient quasiment pas rémunérées et il n'était pas question de repos de sécurité. J'avais un bureau dans le service avec un lit pour m'allonger pendant les gardes.

Pour mon avant-dernier semestre, j'ai choisi le service de cardiologie de l'hôpital Le Cluzeau. J'ai été très mal accueilli par le chef de service qui refusait qu'un interne non destiné à la cardiologie vienne séjourner un semestre. Le conflit fut arbitré par le directeur général qui dut rappeler au chef de service que la réglementation ne l'autorisait pas à refuser un interne sans raison valable.

Le fait d'entretenir de mauvaises relations avec le chef de service avait, en fait, peu d'importance. Il faisait partie des temps partiels qui avaient été nommés chefs de service du temps de l'école de médecine, mais il était temps qu'il fasse valoir ses droits à la retraite, car ses raisonnements faisaient sourire jusqu'aux étudiants qui suivaient les visites. Heureusement, l'agrégé du service, ancien élève parisien du professeur Lenègre, s'occupait du service et des internes, bien qu'encore à temps partiel. Pendant ces six mois, j'ai bénéficié de l'enseignement du professeur Liozon qui, ultérieurement, a été désigné chef du service de médecine interne du CHU. L'hôpital Le Cluzeau était un ancien sanatorium qui abritait les trois étages du service de pneumologie, un service de diabétologie et médecine interne, la cardiologie médicale et un service de chirurgie vasculaire et thoracique. Les internes assuraient une garde sur place tous les huit à dix jours, mais je continuais à prendre aussi des gardes en réanimation dans l'hôpital du centre ville. Auparavent, j'avais aussi assuré des gardes en chirurgie jusqu'à mon troisième semestre, avant mon orientation définitive vers l'anesthésie-réanimation. Au cours de ces gardes, j'avais effectué quelques appendicectomies, guidé par le chef de clinique, mais ma vocation opératoire s'est arrêtée là.

Il n'y avait toujours pas de néphrologue à l'hôpital, aussi je me suis occupé de quelques patients que j'ai surtout encouragés à aller consulter dans le service de Marcel Legrain. L'un de ces patients était atteint d'une hypertension sévère avec insuffisance rénale. Je l'avais suivi dans le service de cardiologie et avais tenté de l'adresser dans le service de Foch, car sa fonction rénale s'aggravait. Le patient, indiscipliné, sortit du service et disparut dans la nature jusqu'à ce qu'il soit adressé en 1972 en réanimation, en anurie et en suboedème pulmonaire. Il ne restait plus qu'à le mettre en hémodialyse et à l'adresser à un centre d'épuration hors du département en attendant la nomination du néphrologue qui allait intervenir à la fin de l'année. Ce patient a été greffé plusieurs années après, puis repris en hémodialyse et regreffé à la suite d'un rejet. Il a fini par décéder au bout de quelques années de complications en rapport avec son traitement immunosuppresseur.

Mon dernier semestre s'est effectué en réanimation où j'ai préparé ma thèse sur l'utilisation d'un diurétique dans l'insuffisance rénale aiguë.

En 1971, au retour de Paris, mon fils Jérôme est né avec un handicap.

Une jeune patiente de 16 ans nous avait été adressée pour une insuffisance rénale terminale dont la cause n'était pas connue. Je l'envoyai dans le service du professeur Suc, à Toulouse, où il fut pratiqué une fistule afin de débuter une hémodialyse. La jeune fille revint se faire dialyser dans le service en attendant que je lui trouve un centre pas trop éloigné de chez elle. Elle supportait mal l'idée de devoir passer deux à trois séances de six heures au rein artificiel chaque semaine, d'autant plus que sa fistule fonctionnait assez mal et qu'il fallait envisager de la reprendre. Un jour, sa mère m'appela, affolée, pour me dire que sa fille avait consommé une grande quantité de fruits et qu'elle avait des paresthésies[20] dans les quatre membres. Il n'y avait pas encore de SAMU, aussi, je lui dis de mettre sa fille dans une ambulance et de l'amener le plus vite possible pendant que nous préparions le rein artificiel. En effet, il était clair qu'il s'agissait d'une hyperkaliémie menaçante déclenchée par l'écart de régime que la jeune fille avait fait, probablement volontairement, sachant ce qu'elle risquait. Malheureusement, elle fit un arrêt cardiaque pendant le transport et décéda avant d'arriver à Limoges. Ce mode de suicide était connu des néphrologues, de la part de patients dépressifs qui savaient que certains aliments comme les fruits ou le chocolat comportaient un risque d'arrêt cardiaque par hyperkaliémie en cas de consommation excessive.

Certaines histoires se terminaient heureusement mieux. Une nuit, vers 23 heures, le service m'a appelé pour une jeune fille insuffisante rénale en suboedème du poumon. Cette jeune fille, originaire de région parisienne où elle était en hémodialyse chronique, était venue en Limousin pour assister à un mariage au cours duquel elle avait un peu trop relâché son régime et sa restriction de liquides. Elle se trouvait en œdème pulmonaire, car elle n'avait pas de diurèse. Il n'était pas possible de faire venir une des infirmières formées au rein artificiel car elles

20. Paresthésies : sensations de fourmillements. Les paresthésies dans les quatre membres traduisaient un taux de potassium sérique très élevé, conséquence de la consommation trop importante de fruits riches en potassium.

étaient nécessaires pour le fonctionnement de jour. J'ai donc monté l'appareil, préparé les bains et branché la patiente pour une séance de six heures. Dès que le sang a rempli la bobine du rein artificiel, réalisant l'équivalent d'une saignée, la jeune fille a mieux respiré et s'est tranquillement endormie. Elle a perdu l'excédent d'eau qu'elle avait imprudemment absorbé et a pu repartir à Paris après la séance de dialyse.

Ce que j'attendais avec impatience a fini par arriver. Un néphrologue a été nommé à Limoges. Le nouveau professeur de néphrologie, Leroux-Robert, avait été chef de clinique dans le service du professeur Richet. Nous avons rapidement sympathisé et je lui ai présenté une liste déjà assez longue de patients que j'avais répartis dans les centres périphériques et qui souhaitaient revenir se faire dialyser à Limoges. Je lui ai avoué que j'avais accepté une femme âgée de près de 70 ans qui, en dehors de son insuffisance rénale, paraissait en bonne santé physique et mentale. Il ne m'a fait aucun reproche et, plus tard, il m'a répété qu'il démissionnerait plutôt que d'accepter de trier les patients ayant droit ou non d'entrer en hémodialyse. J'étais heureux de pouvoir discuter de certains cas de patients ayant des problèmes rénaux ou métaboliques complexes avec quelqu'un d'aussi compétent et amical que lui.

Assistant-Chef de clinique

En mars 1973, j'ai soutenu ma thèse afin de pouvoir accéder au poste de chef de clinique d'anesthésie-réanimation au premier avril.

Le service de réanimation avait un taux de remplissage élevé et entretenait de bonnes relations avec les autres établissements de la région et de Limoges. Je continuais à effectuer des remplacements d'anesthésiste dans les cliniques de la ville pendant mes congés ce qui, outre l'avantage matériel, me permettait d'entretenir de bonnes relations avec les confrères anesthésistes et chirurgiens du secteur privé. Le recrutement était polyvalent, car nous étions le seul service de la région. La traumatologie routière nous amenait beaucoup de patients et quasiment chaque garde était occupée par la prise en charge de polytraumatisés qui mobilisaient les anesthésistes et les réanimateurs ainsi que les neurochirurgiens, orthopédistes et viscéraux. Les traumatismes crâniens et thoraciques arrivaient en tête de notre recrutement et occupaient nos appareils de ventilation artificielle. J'ai essayé, sur quelques patients ayant un volet thoracique antérieur, d'éviter la stabilisation par ventilation artificielle en mettant en place une traction sternale par un étrier de Couraud (du nom du chirurgien bordelais qui l'avait inventé). Nous recevions aussi des infections graves, septicémies, méningites, chocs infectieux qui, souvent, nécessitaient le passage au rein artificiel dont l'activité ne diminuait pas. Pour assurer la prise en charge des patients au quotidien et pendant les gardes, nous étions trois, deux chefs de clinique et un praticien hospitalier, le docteur Louis Campan. Les deux internes du service participaient aux gardes dès qu'ils s'en sentaient capables et les anciens qui étaient restés un semestre revenaient nous aider et entretenaient ainsi leur compétence en réanimation. Le docteur Ronayette, pédiatre qui se destinait à la réanimation, venait suivre les enfants hospitalisés dans le service en attendant l'ouverture du futur CHU où un service spécifique était prévu. Certaines histoires, parfois dramatiques ou particulières, sont restées dans ma mémoire. Ainsi, nous avons reçu une jeune femme de moins de 30 ans, fille d'un ancien doyen de la faculté, qui a fait brutalement une méningite à pneumocoques qui l'a plongée d'emblée dans un coma profond. Ce type de méningite est très grave, car ce germe a la particularité d'entraîner des cloisonnements des méninges menant à une difficulté de circulation du liquide céphalo-rachidien et laisse fréquemment des séquelles neurologiques. Dans ce cas, pendant les premières 48 heures, le coma restait stable et la patiente était placée sous ventilation artificielle et recevait des antibiotiques adaptés à son germe. Malgré ce traitement, pour une raison inconnue, nous avons assisté à son passage brutal en coma dépassé sans que nous puissions rien faire. Je n'ai pas oublié la résignation et la détresse de son père que nous connaissions et que tous appréciaient.

Nous avons admis une jeune femme, enseignante, atteinte d'un syndrome de Guillain-Barré. Il s'agit d'une polyradiculonévrite[21] dont la progression ascendante aboutit à une quadriplégie avec insuffisance respiratoire aiguë dont la récupération se fait en quelques semaines sans séquelles, bien qu'il existe aussi des formes chroniques dont l'évolution peut être sévère. Cette patiente était trachéotomisée et soumise à ventilation artificielle jusqu'à sa guérison. Lorsque nous avons pu retirer la trachéotomie et que ses paralysies avaient régressé, avant qu'elle quitte le service pour poursuivre sa convalescence, je lui ai demandé quels souvenirs elle conservait de son hospitalisation, car, à cette époque, on utilisait beaucoup moins de médicaments sédatifs en réanimation. Elle se souvenait de la pratique de la trachéotomie sous anesthésie locale et me dit que le

21. Le syndrome de Guillain-Barré est une atteinte inflammatoire des racines nerveuses issues de la moelle épinière qui progresse de bas en haut et qui finit, le plus souvent, par atteindre le bulbe et provoque alors une insuffisance respiratoire aiguë. La récupération demande, en principe, environ trois semaines.

médecin qui la pratiquait avait lâché quelques jurons. Puis, pendant les trois semaines de ventilation artificielle, elle avait vécu dans l'angoisse d'une panne du ventilateur pulmonaire. En effet, elle avait remarqué que le témoin rouge de l'alarme se reflétait dans le globe d'éclairage de la chambre et qu'il clignotait régulièrement. Par contre, son allumage durable lorsque l'infirmière débranchait la machine était suivi d'un son continu traduisant la déconnexion. Aussi avait-elle anxieusement guetté le clignotement qui était gage de bon fonctionnement de la machine qui la reliait à la vie. J'ai pris conscience que nous n'utilisions pas suffisamment d'hypnotiques, malgré leurs inconvénients. Je lui ai demandé également si elle avait eu conscience des patients hospitalisés en même temps qu'elle dans cette chambre à deux lits. Elle me dit se souvenir que, une nuit, elle avait perçu une certaine agitation et entendu les flacons de perfusion s'entrechoquer (ils étaient alors en verre), puis le bruit avait cessé avant qu'une infirmière dise : « il faut prévenir sa famille ». Elle a compris que le patient était décédé.

En 1973, au début de mon clinicat, le laboratoire Vitrum me prit en charge pour un voyage de quinze jours à Stockholm dans le but de rencontrer le professeur Arvid Wretling et de visiter des services hospitaliers pratiquant, comme moi, la nutrition parentérale. Ce voyage fut très instructif et me permit de fréquenter des services de haut niveau. J'eus aussi la chance de rencontrer un collègue réanimateur pédiatrique parisien, le docteur Ricour, pratiquant la nutrition artificielle chez des nourrissons atteints d'affections graves de l'intestin.

En 1975, je me suis retrouvé dans le service de réanimation non plus en tant que médecin mais comme patient. Depuis le début de mon internat, j'avais des signes évidents de maladie intestinale inflammatoire que j'ai d'abord négligée, puis, les poussées devenant de plus en plus fréquentes, traitée épisodiquement par des antalgiques. À cette époque, les traitements étaient peu nombreux et comportaient pas mal d'effets secondaires. Je ne voulais pas prendre d'immunosuppresseurs qui, à la longue, pouvaient entraîner un lymphome, ni de corticoïdes aux nombreux effets adverses. J'aurais dû consulter un spécialiste, cela m'aurait peut-être évité de faire une péritonite par perforation de l'intestin grêle terminal et de subir en urgence une résection de la totalité de l'iléon et du colon droit. Bien entendu, j'ai fait quelques complications infectieuses qui m'ont amené en réanimation avec de la fièvre jusqu'à ce que le volumineux abcès de paroi s'évacue. De plus, pendant les premiers jours, j'ai déliré, probablement à cause de l'infection, mais aussi à cause du stress qu'a représenté le fait d'avoir vécu la fin de l'intervention totalement conscient mais curarisé, au point d'avoir retenu les échanges verbaux du chirurgien avec un de mes collègues et d'avoir ressenti le lavage péritonéal et la fermeture pariétale qui s'effectuait alors à l'aide d'une grosse aiguille de Reverdin. Je suis resté hospitalisé quinze jours au cours desquels j'ai perdu

15 kg. Lorsque je suis rentré chez moi, j'ai appris que je n'avais pour vivre que les indemnités journalières de la Sécurité sociale. En effet, étant chef de clinique assistant, j'avais le statut d'auxiliaire de l'Éducation nationale et je n'étais plus payé ni par la faculté ni par l'hôpital. Comble d'ironie, étant tombé malade après la troisième semaine d'un mois, je me verrais retenir une semaine de salaire lors du premier mois de ma reprise de fonction.

J'avais trois enfants, puisque Catherine, ma fille aînée, était née à la fin de mon externat, Jérôme pendant mon internat et François adopté un ans après l'arrivée de Jérôme. Mon épouse ne travaillait pas pour s'occuper de Jérôme, très handicapé. Des amis et les internes se sont cotisés pour verser de quoi vivre à ma femme, aussi, même si cette solidarité m'a touché, j'ai tenu à reprendre mon travail quinze jours après ma sortie du service de réanimation, gardes comprises.

Les débuts ont été difficiles, et après une récidive transitoire, j'ai fini par reprendre mon activité normale.

Le chef du service thoracique et vasculaire, le professeur Kim, était correspondant de l'association France Transplant et m'avait contacté pour que nous puissions envisager de prélever des reins, en vue de transplantations. En effet, si nous voulions un jour développer les greffes rénales, il était important de nous intégrer au circuit des préleveurs. L'occasion s'est présentée en 1975, lorsque nous avons reçu un jeune homme en coma dépassé à la suite d'une rupture d'anévrisme intracrânien. Le père du jeune homme l'avait accompagné et c'est à lui que j'entrepris d'expliquer la mort cérébrale de son fils et la possibilité, avec son accord, de prélever ses reins. Cet homme très digne me demanda une heure pour appeler son épouse, restée à leur domicile en Charente. Après avoir recueilli l'accord des parents, j'avertis le professeur Kim qui procéda au premier prélèvement de reins effectué à Limoges. Mon collègue et ami Claude Leroux-Robert qui avait été responsable de la transplantation à Paris me dit qu'il écrivait toujours aux familles des donneurs afin de les informer de la réussite des greffes, même si nous ne savions pas toujours où les greffons avaient été répartis par l'association France Transplant. J'écrivis aux parents de ce jeune donneur et reçus en retour une lettre émouvante par laquelle son père exprimait la satisfaction de cette nouvelle, malgré la douleur ressentie par son épouse et lui.

Claude Leroux-Robert venait souvent me donner un avis précieux concernant les patients du service qui posaient un problème rénal ou métabolique difficile. J'appréciais ses grandes connaissances médicales et sa gentillesse. Il avait une bonne expérience de la réanimation dont il s'était occupé dans le service du professeur Richet, mais il me confessa qu'il appréciait peu d'être obligé de prendre des décisions très rapides, préférant une discipline qui lui laissait le temps de réfléchir avant la décision.

Il est vrai que la réanimation pouvait parfois imposer des décisions immédiates, au risque de commettre des erreurs. Ainsi, un jour, les pompiers ont amené dans le service un patient d'une cinquantaine d'années, qui était assis sur leur brancard et tentait vainement de respirer. Il gaspait et son épouse qui l'accompagnait a juste eu le temps de préciser qu'il n'avait plus qu'un seul poumon. L'auscultation confirmait l'absence de respiration audible des deux côtés et une sonorité à la percussion du côté non opéré. Le patient était tellement mal qu'il n'aurait pas supporté un transport jusqu'à la radio, aussi, je lui ai introduit un drain thoracique du côté où je pensais trouver un pneumothorax. Ce geste l'a soulagé immédiatement et lui a permis de changer de couleur, du bleu au rose. Après 24 heures de surveillance, il a pu être transféré en pneumologie afin de poursuivre son traitement.

Lors de ma nomination à l'internat à Limoges, j'avais eu l'impression de débarquer dans la brousse et je me demandais si j'allais m'accoutumer à un hôpital qui ressemblait plus à un établissement du tiers-monde qu'à un CHU. Heureusement, j'ai rencontré des patrons qui avaient décidé de changer l'hôpital et, surtout, les mentalités, et de faire de cet établissement vétuste un véritable CHU. Mon patron, Roger Gay, m'a assuré un soutien sans faille, même lorsque j'avais des démêlés avec certains chefs de service dont je ne supportais ni le conservatisme ni l'immobilisme. J'avais alors la réputation d'avoir un caractère difficile et d'exprimer mes pensées sans retenue, ce qui ne me fit pas que des amis. D'autres chefs de service ou agrégés avaient envie de changer les choses. Ainsi, le président de la commission médicale, chef du service de radiologie, le professeur Rousseau, le professeur Catanzano, anatomopathologiste brimé par son vieux patron, le professeur Dany, neurochirurgien et travailleur acharné voulant imposer sa discipline encore mal comprise par certains collègues.

Certaines disciplines restaient sinistrées, comme l'ORL qui était dirigée par un vieux praticien largement dépassé, au point que j'étais appelé souvent la nuit par les infirmières du service, pour pratiquer une trachéotomie à des patients qui étaient entrés asphyxiques en raison d'un cancer du larynx diagnostiqué trop tardivement. Certaines disciplines chirurgicales étaient encore défaillantes. Il manquait un chirurgien cardiaque et un chirurgien pédiatrique. L'obstétrique et la gynécologie étaient dirigées par un praticien exerçant aussi (et surtout) en clinique, donc la maternité était, de fait, contrôlée par les sages-femmes qui avaient recours au chirurgien de garde pour effectuer les césariennes. En 1972, un jeune agrégé parisien fut nommé à la maternité et commença à mettre de l'ordre dans le service. Il avait une grande compétence mais un caractère explosif qui devait lui attirer beaucoup de problèmes. Ainsi, il commença à pratiquer des IVG dans son service avant le vote de la loi Veil. Par contre, il refusa catégoriquement de s'occuper du centre d'IVG en 1974 après être entré en conflit avec les représentantes du Planning familial que la loi avait intégrées au dispositif. Pourtant, nous aurions souvent eu besoin de sa compétence, car les médecins des hôpitaux ne se bousculaient pas pour pratiquer les IVG. C'est ainsi que quatre médecins hospitaliers seulement participèrent au fonctionnement du centre d'IVG : le chef du service de radiologie, l'agrégé d'anatomopathologie, un chef de clinique de gastro-entérologie et moi-même. Heureusement qu'une dizaine de médecins généralistes et un gynécologue de ville, le docteur Albert Renaudie, vinrent nous prêter main-forte.

L'aumônier de l'hôpital était un brave homme qui cachait sous une apparence simple une grande culture, et un humanisme allié à une grande tolérance. Je le voyais souvent la nuit quand il venait dans le service apporter son secours à certains patients qui échappaient au nôtre. Cet homme avait un humour à toute épreuve et doutait de ses propres croyances. Il n'était nullement gêné par mon athéisme et nous avions souvent des conversations sur les patients qu'il visitait, même s'ils n'étaient pas pratiquants. Il rassurait les malades et contribuait grandement à soutenir leur moral. Lorsque l'agrégé de gynéco-obstétrique fut nommé, une des premières actions qu'il fit sous l'emprise de la colère fut de jeter par la fenêtre du service une brassée de crucifix qui ornaient les murs de son service, ce qui fit bien rire l'aumônier. Je plaisantais souvent avec le prêtre lorsqu'il venait dans le service et je lui proposai, une nuit, de m'apprendre à donner les derniers sacrements. En retour, je pourrais lui apprendre des techniques de réanimation et, ainsi, nous pourrions être moins souvent réveillés. Il trouva l'idée intéressante, à condition, me dit-il que je le remplace aussi pour dire la messe aux bonnes sœurs. Je savais que ces dernières étaient souvent désagréables avec lui et lui menaient la vie dure.

Pendant mon clinicat, qui allait durer de 1973 à 1976, je partageai mon temps entre les soins aux patients du service de réanimation, l'enseignement aux étudiants du CES d'anesthésie-réanimation et les publications de recherche clinique en vue de me constituer une épreuve de titres et travaux qui puisse me mener à l'agrégation. Mon patron était souvent absent pour assister à des réunions avec ses collègues au niveau national. Il m'associait, le plus souvent en tant qu'orateur, aux réunions scientifiques nationales organisées par la discipline afin de me faire connaître des autres patrons de l'anesthésie-réanimation. Je lui soumettais mes articles pour correction et devais subir la rigueur de ses critiques. Il avait pratiqué le latin et le grec et ne pardonnait aucune faute de syntaxe ou d'orthographe. Ses critiques m'ont souvent agacé, mais sa rigueur m'a beaucoup servi dans ma future vie professionnelle.

Praticien hospitalier
Professeur des universités

La construction du nouveau CHU était bien avancée et le déménagement envisagé pour le premier semestre 1976. En fait, les plans de l'hôpital universitaire dataient de près de quinze ans et avaient été discutés avec le corps médical de l'époque, ce qui explique que certaines disciplines avaient été oubliées, car dépourvues de défenseur. Ainsi, l'hémodialyse dut faire l'objet d'une construction supplémentaire en dehors du bâtiment principal ; la réanimation fut insérée tant bien que mal à côté des urgences au premier sous-sol et le service de chirurgie pédiatrique rajouté à la fin du projet.

J'avais été élu représentant des chefs de clinique au conseil d'administration et à la commission médicale, aussi ai-je été invité à l'inauguration du nouveau CHU par le Premier ministre, monsieur Jacques Chirac et la ministre de la Santé, madame Simonne Veil. J'ai découvert le nouvel hôpital à cette occasion. Il n'avait pas été prévu de locaux pour abriter un SAMU. Il n'existait qu'un garage pour ambulance à côté du bâtiment réservé à l'hémodialyse. Je découvris avec plaisir que le bloc opératoire, situé au premier sous-sol, comportait une salle de réveil. Malgré une loi datant de 1973, cet équipement faisait encore défaut dans de nombreux établissements publics et privés français. À midi, un repas réunit le conseil d'administration, la commission médicale et les ministres. L'après-midi fut consacré à une séance extraordinaire de la commission médicale en présence de madame Veil. La ministre annonça que le déménagement dans le nouvel établissement se ferait probablement avec la création d'un seul voire d'aucun poste de professeur, pour des raisons budgétaires. La faculté avait classé les besoins hospitalo-universitaires et avait placé en tête un poste de chirurgien orthopédiste afin de renommer un élève du professeur Judet qui avait refusé le passage au plein-temps à la date limite et repassait le concours. Mon poste était classé second et celui d'un ami radiothérapeute en troisième position. À la sortie de la réunion, j'eus un échange assez vif avec madame Veil, lui signifiant que, dans ces conditions, je serais amené à m'installer dans le privé au lieu d'intégrer le CHU. J'avais pour la ministre une grande admiration, motivée, outre ses compétences, par le courage avec lequel elle s'était battue pour faire légaliser l'IVG ; cependant, sa rigueur l'amenait à une certaine rigidité et son ton était cassant. Heureusement, le Premier ministre étant corrézien, trois postes furent créés pour le mois d'octobre 1976.

Mon patron ambitionnait de changer de section au comité national des universités afin d'être inscrit en réanimation médicale. Il avait donc averti la commission médicale qu'il abandonnait l'anesthésie et me confiait la responsabilité du service pour quelques mois, avant ma nomination officielle prévue pour octobre 1976 si tout se passait comme prévu. Ce choix lui permettait de garder la réanimation, seule partie qui l'intéressait, et d'éviter qu'un jour un autre service de réanimation médicale ne puisse être créé.

Le déménagement vers le CHU commença en avril 76 avec le transfert de la maternité, puis des autres services durant le mois de mai. Je me suis installé dans le bureau du chef de service début avril et j'ai entrepris d'installer le matériel d'anesthésie dans les salles d'opération, au nombre de 17, au sous-sol et deux en maternité au premier étage, aidé par l'infirmière anesthésiste qui avait été nommée surveillante de ce nouveau service. L'anesthésie comptait un nombre suffisant d'infirmières anesthésistes, car l'école qui les formait était partie intégrante du service et placée sous mon autorité. Du reste, beaucoup d'infirmières du service de réanimation ont profité de cette réorganisation pour intégrer l'école d'IADE (infirmières aides-anesthésistes) et la plupart ont fait toute leur carrière dans mon service. Côté médical, la situation était moins brillante. Je bénéficiais de trois spécialistes du cadre hospitalier temporaire d'anesthésie, l'une du premier grade et deux du deuxième grade.

Une interne allait passer chef de clinique et pratiquait l'anesthésie, le deuxième, bien qu'engagé dans la spécialité, rêvait de se consacrer à la médecine d'urgence et au SAMU dont il espérait la création. J'héritais aussi d'une dizaine d'étudiants de CES qui occupaient des postes d'adjoints du cadre hospitalier temporaire. Le cadre hospitalier temporaire d'anesthésie avait été créé plusieurs années plus tôt afin de palier le déséquilibre des besoins universitaires et hospitaliers de l'anesthésie-réanimation. C'était la première catégorie de médecins non universitaires créée dans les CHU. Ce cadre destiné à être temporaire comportait des adjoints non titulaires et des spécialistes des deuxième et premier grades nommés par concours et cooptation. Ce cadre disparaîtra quelques années plus tard lorsque sera créée la fonction de praticien hospitalier couvrant toutes les disciplines.

Entre les mois d'avril et de juillet 1976, j'ai commencé à organiser le fonctionnement de l'anesthésie-réanimation, malgré la pénurie de personnel médical, et, en même temps, j'ai préparé et rédigé mon épreuve de titres et travaux, afin de me présenter devant la sous-section d'anesthésie-réanimation du comité national des universités qui devait juger si j'étais digne de devenir professeur agrégé de la discipline.

Dès que j'ai été responsable du service, j'ai procédé à quelques changements d'affectation des cadres hospitaliers, afin de supprimer quelques connivences trop fortes avec certains chirurgiens, et j'ai imposé à tous une double garde sur place, afin de couvrir le bloc central, la maternité et les soins intensifs chirurgicaux. Bien entendu, je participais, comme tout le monde, à la garde. La transformation des astreintes des anesthésistes en gardes sur place ainsi que les changements d'organisation ne plaisaient pas à tout le monde et je fus rapidement convoqué par le doyen de la faculté, lui-même chirurgien, à une réunion avec ses collègues, destinée à parler de l'organisation de l'anesthésie. J'étais un peu inquiet, bien que pas surpris par cette réaction, alors que ma nomination définitive n'était pas encore assurée. Le professeur Rousseau, président de la CME (Commission médicale d'établissement), proposa de m'accompagner afin d'éviter que je ne sois trop seul face à tous les patrons de chirurgie. De mon côté, je m'étais muni du rapport d'activité que le service d'anesthésie-réanimation publiait chaque année. Dès le début de la réunion, le doyen, représentant ses collègues, me fit savoir qu'aucune modification de l'anesthésie ne pourrait se faire sans l'accord des chirurgiens. Je répondis que, dans l'éventualité où ma nomination serait entérinée par le CNU (Comité national des université), je dirigerais le service comme je l'entendais en tenant compte de l'activité de chaque service de chirurgie et que j'accepterais les critiques et les discussions, mais en aucun cas la tutelle de disciplines étrangères à la mienne. Du reste, je signifiais à ces futurs collègues que je tenais à leur disposition les justifications aux transferts actuels qui étaient motivés par leurs activités respectives. Aucun d'entre eux ne tenant à voir l'activité de son service étalée publiquement face à celles de ses collègues, je fus déclaré libre de mes décisions pourvu que les besoins des patients chirurgicaux soient assurés. J'avais mis le pied dans une jungle où il fallait montrer sa force et son efficacité pour éviter d'être mangé. Le milieu hospitalo-universitaire dans lequel j'aspirais à faire carrière ne pratiquait pas la tendresse et il fallait être prêt à défendre son territoire afin d'acquérir le respect de ses collègues.

La réunion de la sous-section d'anesthésie-réanimation eut lieu mi-juillet à Paris, bien après les autres disciplines, car il avait fallu attendre le retour du professeur du Cailar qui était allé escalader un sommet au Népal. Mon patron m'avait accompagné à Paris et avait ri en me voyant pour la première fois vêtu d'un costume et d'une cravate. La réunion de la sous-section se passa bien, en particulier, le jury fut agréablement surpris que j'aie tenu à obtenir le CES d'anesthésie-réanimation en passant l'examen national plutôt que par équivalence.

Mon décret de nomination, signé par madame Veil, parut pendant l'été et je fus installé dans mes fonctions par le directeur de l'hôpital et par le doyen de la faculté. Je serai nommé de la même manière chef du service d'anesthésie-réanimation, directeur du SAMU 87, au 1er octobre 1977. À cette époque, les professeurs et les chefs de services étaient nommés par les ministres de la Santé et des Universités, ce qui signifiait l'absence de tout lien hiérarchique avec le directeur de l'hôpital. À partir du 1er octobre 1976, j'étais titulaire, responsable du service bien que pas encore nommé chef de service. J'étais heureux de l'évolution de ma carrière mais inquiet, car j'héritais d'un gros service dont les équipements avaient été réduits au profit de ceux du service de réanimation médicale, ce qui était de bonne guerre. Le plus inquiétant était le petit nombre de médecins anesthésistes. Une de mes premières démarches fut de prendre rendez-vous avec la demoiselle qui dirigeait le service du personnel médical au ministère de la Santé. Je lui exposai mes difficultés, insistant sur le fait qu'une augmentation du nombre de postes de spécialistes me permettrait d'attirer les étudiants de Limoges qui allaient s'inscrire dans d'autres facultés pour passer leur CES et, surtout, de parvenir progressivement à remplir les obligations de mon service à l'égard des chirurgiens et de leurs patients. Je lui réclamai la création d'au moins cinq postes par an pendant les quatre à cinq révisions d'effectifs à venir. Elle me rétorqua, avec une pointe de mépris, que, si elle m'accordait ce que je demandais, elle me ferait « une fleur » et qu'il n'en était pas question. Étant encore jeune, sa réponse m'échauffa la bile et je lui répondis que, dans ce cas, il ne me restait plus qu'à avertir la population de patients du Limousin que le ministère de la Santé avait décidé de négliger leur sécurité en cas d'anesthésie. L'échange qui suivit ma remarque fut très sec et tout juste courtois, cependant, mon service se vit accorder cinq postes par an pendant cinq ans, alors que je n'avais pas encore la totalité des candidats pour les occuper. Le directeur me confirma que la demoiselle avait gardé un souvenir ému de notre entrevue, car elle lui demandait, à chacune de ses visites, si l'anesthésiste de Limoges avait toujours aussi mauvais caractère.

Une autre préoccupation résultait de l'équipement. En effet, les salles d'opération étaient équipées d'appareils d'anesthésie bon marché ayant une consommation de gaz très élevée. Ils étaient dépourvus de vaporisateurs d'anesthésiques volatils. Je n'avais pas été consulté sur le choix du matériel d'anesthésie et l'absence de cuves d'agents volatils correspondait à une tendance minoritaire d'anesthésistes français qui prônaient la neuroleptanalgésie. Cette technique, qui associait des doses élevées d'un neuroleptique et d'un agent morphinique, provoquait un état de sidération appelé minéralisation, car le patient ressemblait à une statue minérale, comparable à un gisant. Certains jusqu'au-boutistes préconisaient même l'absence d'hypnotique, prétendant que l'absence de conscience peropératoire n'était pas utile. Cette utilisation des neuroleptiques et des dérivés de la morphine était défendue par Pierre Huguenard, au CHU de Créteil, et faisait référence aux travaux physiologiques de Henri Laborit qui n'était pas anesthésiste. Les partisans de la neuroleptanalgésie considéraient que les agents de l'anesthésie par inhalation ne protégeaient pas les patients de l'agression chirurgicale et justifiaient leur point de vue par des arguments physiologiques contestables. Les gens qui s'exprimaient ainsi sur les techniques d'anesthésie utilisées en France, c'est-à-dire les professeurs, étaient bien souvent incapables d'effectuer une anesthésie, car ils ne mettaient que rarement les pieds au bloc opératoire ou avaient pour formation une autre spécialité que l'anesthésie. En effet, la discipline était encore jeune et avait servi bien souvent à nommer des professeurs qui n'étaient pas spécialistes d'anesthésie. Ainsi, le premier titulaire d'une chaire d'anesthésie à Paris fut le professeur Baumann qui était chirurgien. C'était l'époque où il valait mieux, dans de nombreux endroits, éviter de demander à être anesthésié par le professeur d'anesthésie.

La neuroleptanalgésie provoquait un état de dépression neurologique et respiratoire de longue durée qui pouvait, à la rigueur, se justifier si le patient quittait le bloc opératoire pour le service de réanimation. Par contre, pour la plupart des actes chirurgicaux, la réversibilité rapide de l'anesthésie et le passage par la salle de réveil étaient un gage de sécurité. L'anesthésie par les agents volatils offrait une grande maniabilité du niveau de l'anesthésie et une réversibilité rapide afin de restaurer les fonctions vitales du patient. L'inconvénient de l'utilisation des gaz en anesthésie résultait de la pollution des salles d'opération par le protoxyde d'azote et les agents volatils halogénés. De plus, ces derniers avaient un coût non négligeable et la sécurité du patient était obtenue au prix de risques pour la santé des personnels et de dépenses de santé accrues. Très rapidement, je réussis à convaincre la direction du CHU de changer entre quatre et cinq appareils par an pour des machines permettant la réinhalation des gaz expirés par le patient. L'accumulation de gaz carbonique dans le circuit était prévenue par le passage des gaz dans un réservoir contenant de la chaux sodée. Ainsi, le débit de gaz frais introduit dans le circuit patient pouvait être réduit à la quantité consommée par le malade plus la quantité perdue par les fuites du système. Cette technique ancienne avait été abandonnée à cause des accidents d'hypoxie (manque d'oxygène) observés en particulier avec le protoxyde d'azote. Je pensais que sa réintroduction était possible grâce à l'incorporation dans le circuit d'un analyseur d'oxygène. Le principal problème fut de trouver sur le marché des appareils comportant la réinhalation des gaz expirés, car la pratique en France était d'utiliser un débit de gaz égal ou supérieur à la consommation du patient, parfois associé à un recueil des gaz expirés et à leur évacuation de la salle d'opération, pour ceux qui croyaient aux effets délétères de la pollution du bloc opératoire. Ceux qui refusaient d'utiliser l'anesthésie en circuit fermé redoutaient le risque d'hypoxie, en particulier lié à l'utilisation du protoxyde d'azote. Certains professeurs de la discipline rappelaient à leurs élèves l'adage : « circuit fermé, tombeau ouvert ». Je pus me procurer des appareils de la marque allemande Dräger équipés d'analyseurs d'oxygène. Les techniques de surveillance étaient encore peu développées au bloc opératoire, mais la plus importante était la mesure continue de la concentration d'oxygène inspirée afin d'éviter tout risque d'hypoxie au patient. Pour le reste, l'évaluation de la profondeur de l'anesthésie se contentait de critères d'observation clinique. Tous les étudiants et médecins du service furent donc formés à l'anesthésie par inhalation en circuit fermé, ce qui permit de diminuer la pollution des salles d'opération et d'obtenir un réveil rapide avec, en particulier, beaucoup moins de risques de dépression respiratoire postopératoire. La réintroduction de cette technique d'anesthésie eut pour conséquence d'attirer les fabricants de matériels d'anesthésie qui nous firent tester leur matériel en prêt et nous firent évaluer les premiers analyseurs de gaz carbonique et d'agents anesthésiques lorsqu'ils arrivèrent sur le marché.

Lorsque je pris la tête du service, le nombre de salles d'opération du bloc central était d'une quinzaine et certaines spécialités avaient une activité proche de zéro. Ainsi, l'ORL était toujours dirigée par un praticien proche de la retraite qui se contentait d'arracher des amygdales à l'aide de la guillotine de Sluder[22], avec une anesthésie au masque délivrée par lui, car j'avais refusé de participer à ce genre de boucherie dangereuse lorsqu'il me l'avait demandé. Je lui avais proposé d'anesthésier ces enfants en position couchée et avec une intubation trachéale afin d'éviter le risque d'asphyxie par inhalation de sang, ce qu'il refusa.

La chirurgie cardiaque n'était pas encore présente, les cardiologues cherchant auprès de leurs amis parisiens un candidat pour cette activité. Les autres disciplines se développaient au rythme des nominations d'agrégés. En 1976, le nombre d'anesthésies atteignait environ sept à huit mille par an, ce qui était considérable comparé à la pénurie de médecins de mon service. J'avais absolument besoin de nommer des praticiens dans le cadre hospitalier temporaire, donc de disposer d'étudiants reçus à l'examen national du CES d'anesthésie-réanimation. L'examen n'était pas facile, car le taux de réussite moyen au niveau national était d'environ quarante pour cent. Pour augmenter les chances de réussite de mes étudiants, je décidai de réorganiser l'enseignement. En première et deuxième année, ils auraient des cours

22. L'ablation des amygdales se faisait autrefois à l'aide d'une pince ressemblant à une guillotine inventée par un nommé Sluder. L'anesthésie en position assise était délivrée au masque par l'opérateur placé en face de l'enfant solidement tenu par l'aide. L'anesthésie devait être légère afin d'éviter l'inhalation de sang, mais la rapidité du geste et la proximité de la carotide externe n'évitaient pas toujours les hémorragies immédiates ou retardées par chute d'escarre. Intervention à haut risque, l'amygdalectomie fut pratiquée ensuite avec une anesthésie plus profonde, en position allongée et après intubation de la trachée pour éviter les complications respiratoires.

toutes les semaines (deux après-midis) et en troisième année, ils auraient à rédiger une question de CES toutes les semaines dans des conditions identiques à celles de l'examen national. Ainsi, tous les vendredis à treize heures, ils se rendaient dans une petite salle du service et rédigeaient une question dont je fixais le libellé pour chacun d'entre eux. À partir de quinze heures, parfois jusqu'à l'heure du dîner, ils lisaient leur copie et se soumettaient publiquement à mes critiques...et parfois à mes engueulades si le niveau était insuffisant. Les étudiants de CES participaient à l'activité d'anesthésie des blocs opératoires, ils assuraient des gardes fréquentes et devaient se soumettre aux enseignements de première et deuxième année sanctionnés par un examen, puis aux planches hebdomadaires pendant la troisième année. Ils n'osaient pas se plaindre, mais je sus que le service avait, à la faculté, la réputation de ressembler à un bagne. Cependant, le nombre d'inscriptions au CES d'anesthésie-réanimation augmenta régulièrement, car le taux de réussite à l'examen national était largement supérieur à celui des grandes facultés de la région Sud-Ouest et de Paris. J'enregistrai même l'inscription à Limoges d'étudiants venant de Tours, de Toulouse, et même de Paris.

Les premières années furent un peu difficiles. Je passais beaucoup de temps au bloc opératoire et à enseigner à mes étudiants. Je participais, comme tous les médecins et étudiants, au tour de gardes.

En septembre 1977, ma femme accoucha de mon plus jeune fils sous analgésie péridurale pratiquée par son mari. Pour maintenir la tradition, je pratiquerai une péridurale à ma fille à Noël 1993 pour la naissance de mon premier petit-fils.

À toutes ces activités, s'ajoutaient mes batailles avec l'administration et avec mes collègues pour développer ma discipline et obtenir des locaux adaptés à son exercice. La dispersion des unités de soins intensifs dans tous les services de chirurgie avait été voulue afin de limiter mon pouvoir, cependant, je m'organisai pour centraliser les appareils de ventilation artificielle dans le service d'anesthésie-réanimation et ainsi avoir un minimum de contrôle sur l'activité des soins intensifs postopératoires.

Tous les samedis matin, les chefs de service du bloc opératoire se réunissaient pour parler des problèmes d'organisation. J'étais seul anesthésiste face à un directeur et à une quinzaine de chefs de services chirurgicaux. Ces séances, souvent animées, m'ont permis de faire comprendre à mes collègues que mon dévouement était sans limites, à condition qu'on évite de piétiner mes orteils. Le fait de pratiquer régulièrement l'anesthésie dans toutes les disciplines chirurgicales m'a permis d'être reconnu par les chirurgiens, et mon caractère entier leur a rapidement fait comprendre que la loi de la jungle et ses conflits ne m'effrayaient pas.

Jusqu'en 1976, j'avais exercé principalement la réanimation. Il m'arrivait de pratiquer des anesthésies à l'hôpital pendant mes gardes ou à la demande de certains collègues pour leurs proches. Avant 1976, ma pratique de l'anesthésie se fit régulièrement au cours de nombreux remplacements en clinique pendant mes congés. À partir de 1976, j'ai développé la pratique de l'anesthésie et des soins peropératoires afin d'assurer aux patients chirurgicaux le maximum de sécurité. Les patients admis en réanimation avaient une atteinte d'une ou plusieurs fonctions vitales et le but des soins consistait à éviter leur décès et à restaurer leur santé, si possible avec un minimum de séquelles, ou mieux, aucune. En anesthésie, c'est nous qui perturbons les fonctions vitales du patient afin de lui faire supporter sans douleur et sans complications l'intervention chirurgicale. Les techniques de l'anesthésie sont destinées à soutenir les fonctions vitales pendant l'opération et à éviter les risques de l'agression chirurgicale. Toute erreur peut devenir rapidement fatale au patient ou laisser de graves séquelles. Les accidents d'anesthésie résultent souvent d'erreurs humaines, mais certaines complications peuvent survenir de manière imprévisible. La sécurité de l'anesthésie nécessite une compétence théorique et technique sans failles et une vigilance de tous les instants. La formation des anesthésistes doit donc être rigoureuse et permanente et la compétence théorique et technique doit s'accompagner de qualités psychologiques permettant de surmonter un stress permanent.

Au bout de quelques mois, je reçus la visite de deux inspecteurs représentant les ministères de la Santé et de l'Intérieur qui me signifièrent l'obligation de créer le SAMU, car Limoges et Nantes étaient les seules villes universitaires dépourvues de ce service. Ils me fixèrent comme date limite la fin du premier trimestre 1977. Pour répondre à mes objections concernant le manque de médecins, ils me promirent d'affecter deux médecins généralistes du contingent pendant la période estivale. Lorsque j'avais pris la tête du service, j'avais constaté qu'un garage avait été construit en face des urgences afin d'abriter les futurs véhicules du SMUR. Le fond du garage débouchait sur quatre chambres de garde et un petit local à vocation de salle à manger. Aucune salle de régulation n'avait été prévue et il n'y avait aucun véhicule léger ou lourd utilisable. Le service des urgences disposait d'une pièce abritant un modeste standard téléphonique que j'occupai afin d'installer les permanencières. Pour l'ambulance, je récupérai un véhicule J9 de marque Peugeot dont j'obtins la transformation en ambulance de réanimation par les services techniques de l'hôpital, qui se chargèrent de confectionner les meubles de rangement du matériel et des médicaments et de fixer la réserve de bouteilles d'oxygène. J'informai le Service départemental d'incendie et de secours de la création du SAMU et du SMUR (service mobile d'urgence et de réanimation) et cette annonce fut accueillie avec une certaine hostilité qui résultait d'une méfiance à notre égard et de mauvais souvenirs des relations conflictuelles entretenues avec mon ancien patron. Afin de convaincre les pompiers que mon but était la complémentarité et non la concurrence, j'achetai un véhicule léger pour permettre des rencontres et un travail commun lors des sorties motivées par le nombre des victimes ou leur gravité. L'achat du véhicule avait été rendu possible grâce à la ligne budgétaire correspondant aux honoraires d'anesthésie effectués à l'occasion de l'activité privée des chirurgiens. L'activité du SAMU débuta durant le premier trimestre de 1977 et, progressivement, la population s'habitua à nous appeler et à voir notre vieille ambulance dans la ville et la région. Dès que l'activité du service fut en nette croissance, j'obtins du directeur la mise en chantier du bâtiment destiné à accueillir la régulation médicale, les chambres de garde et les locaux administratifs ainsi que les salles d'enseignement des secours d'urgence. L'administration programma également le renouvellement et l'accroissement du parc de véhicules pour faire face à la progression de notre activité. La création du SAMU augmenta le nombre des gardes et pesa un peu plus sur l'équipe médicale restreinte du service d'anesthésie-réanimation, mais cela ne nous empêcha pas de négocier avec le syndicat des généralistes la création d'un Centre 15 associant les urgences de la médecine libérale et le SAMU. Le Centre 15 de Limoges fut un des premiers créés.

Un dimanche matin, mon épouse vint interrompre ma douche et me tendit le téléphone, car le préfet m'informait que monsieur Chirac, ancien Premier ministre, venait d'avoir un accident de la circulation en Corrèze, en se rendant à une inauguration en compagnie de madame Pompidou. Le chef de clinique de garde au SAMU était parti pour l'hôpital d'Ussel et m'appela rapidement pour m'informer de la situation qui n'était pas trop inquiétante. Madame Pompidou n'était pas blessée, par contre, monsieur Chirac avait une fracture du col fémoral qui nécessiterait une opération chirurgicale. Un deuxième appel du préfet me demanda de chercher un hélicoptère dans une région militaire proche du Limousin, car l'ancien Premier ministre était trop grand pour tenir dans l'Alouette III de la gendarmerie d'Ussel. Depuis plusieurs années, j'avais demandé, sans succès, au ministère de la Santé d'affecter un hélicoptère de la Protection civile à Limoges ; aussi, en raison de l'absence de risque vital, je décidai de laisser l'ancien Premier ministre gagner en ambulance l'aéroport de Limoges où l'attendait un avion pour le transférer à Paris. Le transport dura plusieurs heures, car nous étions en hiver et les routes du Limousin étaient verglacées. Entre-temps, j'avais reçu du ministère l'ordre d'accompagner le patient jusqu'à sa prise en charge par le SAMU de Paris et son transfert à l'hôpital Cochin. J'avais accepté cet ordre à condition que l'avion me ramène à Limoges avec mes collaborateurs.

Je fis ainsi la connaissance de madame Chirac qui devait, par la suite, me manifester à chaque rencontre son hostilité à cause du trajet en ambulance que j'avais imposé à son mari. Monsieur Chirac était un homme affable avec lequel le trajet de trente minutes jusqu'à Paris fut agréable. Il transportait avec lui ses dossiers et aussi un jambon, certainement offert par un de ses amis corréziens. Monsieur Chirac était attendu à l'aéroport de Villacoublay par les cadres de son parti, le SAMU et les pompiers de Paris. Son transport à l'hôpital Cochin s'effectua sans encombre, par contre, le jambon disparut en route sans que les auteurs du kidnapping fussent identifiés. C'est dans les jours qui suivirent son hospitalisation que monsieur Chirac lança l'appel de Cochin. Dans les jours qui suivirent, je reçus un courrier du directeur de cabinet de madame Veil me demandant de justifier la durée du transfert entre Ussel et Limoges. Je répondis que nous n'avions pas d'hélicoptère dédié aux transports sanitaires, malgré des demandes répétées, et que l'absence de risque vital m'avait convaincu d'utiliser le moyen de transport le moins onéreux. Nous avons fini, comme tous les SAMU, par nous doter d'un hélicoptère grâce à un contrat avec une entreprise privée.

Lorsque j'avais été nommé professeur d'anesthésie-réanimation, j'avais décidé que j'irais tous les ans travailler avec des collègues anglais afin de perfectionner la langue et mes techniques d'anesthésie. En fait, j'ai effectué un voyage de quinze jours en mars 1977 à Leeds qui fut le seul, car mes occupations croissantes m'interdirent d'envisager des absences trop longues. J'avais commencé à prendre en charge les premiers patients opérés en chirurgie cardiaque par un chef de clinique de Christian Cabrol qui était pressenti pour rester à Limoges en tant que professeur. À cette époque, j'avais lu un livre écrit par un chirurgien de Leeds sur les circulations extracorporelles. De plus, le docteur Ionescu était l'inventeur des valves cardiaques biologiques en péricarde commercialisées par la firme Shiley. Je lui écrivis en anglais pour lui demander de m'accepter pour une quinzaine de jours dans son service. Il me répondit dans un français impeccable. En fait, il était né roumain et avait gagné une bourse pour New-York réservée au premier reçu parmi des candidats issus des pays satellites de l'URSS. C'est ainsi qu'il avait passé un an dans le service de Starr, fameux inventeur de prothèses valvulaires mécaniques, et avait été initié à la recherche sur les prothèses valvulaires. En rentrant dans son pays, il avait été nommé chef de service de chirurgie cardiovasculaire à Bucarest, mais il n'avait pas tardé à avoir des ennuis en raison de son caractère indépendant et de sa faible assiduité aux cours de marxisme. Il décida alors de passer à l'Ouest avec son épouse et me raconta son passage clandestin de la frontière, digne d'un roman où ne manquaient ni la corruption des douaniers ni la poussée de la voiture sur la route, moteur et tous feux éteints pour éviter les patrouilles. Il arriva à Paris au mois d'août et trouva un poste provisoire à l'hôpital Saint-Joseph, mais il comprit rapidement que le système de recrutement universitaire français lui laissait peu de chances de retrouver un poste équivalent à celui qu'il avait quitté chez lui. Aussi, lorsque, à l'occasion d'un congrès, le chef de service de Leeds lui proposa une place d'assistant avant de lui succéder, il partit pour les brumes du nord de l'Angleterre. Lorsque j'ai fait sa connaissance, il était consultant et avait opté depuis plusieurs années pour la nationalité britannique. Il s'était chargé de m'obtenir une chambre dans un ancien hôtel acheté par l'hôpital et situé juste à côté. Nous avons rapidement sympathisé et j'ai découvert un homme chaleureux au tempérament méditerranéen. Il passait me prendre le matin et nous passions la journée à l'hôpital. Le premier jour, dans le couloir, il salua une femme de ménage et discuta en italien avec elle : je lui demandai quelle langue il ne connaissait pas et l'entendis répondre sérieusement qu'il avait un peu perdu l'allemand par manque de pratique. L'hôpital de Leeds était vétuste et son organisation était très différente de nos établissements français. Les chirurgiens n'étaient pas propriétaires des lits d'hospitalisation, mais obtenaient le droit d'occuper des lits en fonction de leur activité. Les responsables des services étaient des infirmières-chefs et vous pouviez ainsi voir vos patients répartis dans divers pavillons en fonction des places disponibles. Les soins intensifs chirurgicaux étaient regroupés dans une immense salle commune, de part et d'autre d'une allée centrale. Chaque spécialité chirurgicale disposait d'un nombre de lits dépendant de son activité, regroupés géographiquement. Une infirmière pour quatre patients ne quittait pas les quatre lits dont elle assurait la surveillance. Ses besoins en médicaments et en matériel étaient assurés par la « chief nurse » qu'elle pouvait sonner autant que besoin. Chaque spécialité chirurgicale déléguait la surveillance et les soins de ses patients à ses internes qui se relayaient par tranches de douze heures. Le bloc opératoire était commun et les salles d'opération servaient à tour de rôle pour les urgences. Ainsi, la salle de chirurgie cardiaque pouvait très bien avoir servi pendant la nuit à opérer une péritonite stercorale[23] et accueillir le matin la pose d'une prothèse valvulaire biologique. Le chirurgien me dit avoir protesté souvent contre cette décision stupidement administrative, sans parvenir à émouvoir aucun des gestionnaires hospitaliers. Lorsqu'il protestait trop violemment, certains membres de l'administration lui faisaient comprendre qu'il pourrait rentrer dans son pays alors que sa naturalisation remontait à plusieurs années. Le docteur Ionescu était un excellent chirurgien, mais il travaillait dans des conditions souvent difficiles. Il pouvait compter sur deux consultants d'anesthésie quelque peu particuliers. Dès le début de mon séjour, je vis le chirurgien poser le cathéter artériel destiné à la surveillance de la pression artérielle du patient, puis, avant

23. Péritonite stercorale : passage dans le péritoine de matières fécales par une perforation du colon.

le départ en circulation extracorporelle (CEC), injecter la dose d'héparine destinée à anti-coaguler le circuit et le patient. Ces gestes sont habituellement effectués par l'anesthésiste, mais le chirurgien m'expliqua que les anesthésistes refusaient de poser le cathéter artériel et que l'administration de l'héparine et de la protamine[24] en fin de CEC était désormais pratiquée par le chirurgien. En effet, l'un des anesthésistes trouvait amusant de marquer ses seringues avec des qualificatifs fantaisistes et c'est ainsi qu'il injecta un jour l'antidote de l'héparine en cours de CEC avec bien sûr un résultat dramatique. L'autre anesthésiste arriva quelques jours après moi, de retour de vacances en Afrique.

Pendant les CEC, les perfusionnistes (techniciens de circulation extracorporelle) et l'anesthésiste étaient assis sur une banquette, les pieds reposant sur les pompes, lisant leur journal. Les perfusionnistes aimaient la musique pop et en diffusaient en continu avec une intensité telle qu'il était difficile d'entendre les demandes du chirurgien. Je me souviens de quelques cas où le flegme anglais me parut dépasser l'entendement. Un matin, une femme d'une cinquantaine d'années était opérée d'un anévrisme ventriculaire[25]. L'assistant, un médecin indien peu expansif, était chargé de préparer la voie d'abord

24. L'héparine est injectée dans le circuit extracorporel pour éviter la coagulation du sang au contact d'un matériau étranger. En fin d'intervention, la protamine, antagoniste de l'héparine, est injectée pour prévenir le risque hémorragique postopératoire.
25. Un anévrisme du ventricule gauche est une dilatation pariétale en général consécutive à un infarctus myocardique cicatrisé.

avant l'arrivée du chirurgien. Pendant qu'il commençait l'incision de la peau, l'anesthésiste était tourné vers le négatoscope du fond de la salle et classait ses diapositives de vacances représentant des girafes, des lions, des zèbres...Lorsque l'incision du sternum fut terminée, le cœur s'arrêta de battre et l'assistant commença le massage cardiaque à thorax ouvert sans prononcer un mot. Voyant cela, un des perfusionnistes alla prévenir l'anesthésiste qui se contenta de quitter ses diapositives le temps d'activer une perfusion de bicarbonate de sodium. La situation était surréaliste, voire hallucinante.

Durant les quinze jours passés à Leeds, j'eus l'occasion d'apprécier les qualités chirurgicales du docteur Ionescu et de voir son ban d'essai de valves biologiques destiné à mesurer leur longévité. Nous eûmes l'occasion de passer un dimanche à visiter la cité médiévale d'York puis de dîner en compagnie de son épouse et d'un couple de cardiologues d'origine indienne. De retour en France, je reçus une lettre du docteur Ionescu déplorant que ma carrière soit aussi avancée en France, car il aurait aimé que nous puissions continuer à collaborer.

Après avoir, en quelques années, renouvelé le matériel d'anesthésie, réintroduit à Limoges et en France l'anesthésie en circuit fermé et semi-fermé et généralisé l'utilisation des gaz et des vapeurs anesthésiques dans le circuit, je fis l'acquisition de moniteurs permettant de surveiller l'intensité de la curarisation et surtout d'antagoniser un effet résiduel du myorelaxant pour prévenir les accidents respiratoires du réveil. Je pus ainsi supprimer les respirateurs légers qui avaient été acquis pour la salle de réveil et exiger que tous les patients soient admis en salle post-interventionnelle avec une ventilation efficace et des signes avancés de réveil. Seuls devaient bénéficier d'une ventilation mécanique ceux qui étaient en attente de transfert dans une unité de soins intensifs.

Dans les années quatre-vingts, un nouvel agent anesthésique volatil, l'isoflurane, fit son apparition. Son intérêt principal résidait dans une plus faible solubilité sanguine qui assurait un endormissement et surtout un réveil beaucoup plus rapides. La quantité transformée par métabolisme était plus faible que pour les autres agents, gage d'une moindre toxicité. Le seul défaut de cet agent résidait dans son prix très élevé. La pharmacienne du CHU refusa de nous procurer cet agent pour des raisons économiques. La responsable de la pharmacie n'hésitait pas à discuter nos choix en matériel et en médicaments alors qu'elle subissait le plus souvent les choix des chirurgiens. Cette différence de comportement correspondait à une culture différente. En effet, les anesthésistes s'intéressaient aux conséquences économiques de leur pratique, cherchaient le meilleur rapport qualité prix et acceptaient d'en discuter, alors que les chirurgiens avaient plus souvent des attitudes péremptoires et des exigences tenant peu compte du coût de leurs pratiques. L'administration cédait le plus souvent devant leurs demandes et la menace d'être rendue responsable d'une baisse de la qualité des soins. Certaines spécialités chirurgicales étaient connues pour leur niveau élevé de réclamations et leur inflexibilité, souvent proportionnelles au degré de paranoïa de leurs praticiens. Ainsi, la chirurgie cardiaque et la neurochirurgie obtenaient plus facilement que d'autres disciplines ce qu'elles voulaient quel qu'en soit le prix.

Pour démontrer que la technique d'anesthésie en circuit fermé générait une économie importante d'agents anesthésiques gazeux, nous avons proposé à la pharmacie du CHU de commander la quantité d'isoflurane nécessaire à la comparaison de la consommation avec un circuit comportant ou non la réinhalation des gaz expirés. Bien entendu, la consommation d'agent anesthésique mesurée était considérablement plus faible en circuit fermé et l'isoflurane fut introduit dans toutes les salles d'opération du CHU.

La publication de ces résultats aux journées méditerranéennes d'anesthésie-réanimation étonna beaucoup de collègues qui ne pouvaient pas se procurer cet agent anesthésique et montra que nous étions l'un des seuls services en France à pratiquer cette technique d'anesthésie à bas débit de gaz frais. Grâce à ce travail pourtant simple, le service de Limoges commença à être connu et des praticiens de nombreux autres CHU et CHG vinrent passer quelques jours dans mon service pour se familiariser avec l'anesthésie en circuit fermé. L'expertise acquise en développant l'anesthésie à bas débit de gaz frais fit que je fus associé aux groupes qui travaillaient à l'amélioration des techniques de l'anesthésie générale, du matériel et aux recommandations concernant l'équipement des salles d'opération.

En octobre 1984, le CHU de Poitiers connaît un évènement dramatique : une patiente jeune décède à la fin d'une anesthésie pour une intervention ORL bénigne. Le chef de service qui pratiquait ce matin-là à la place du médecin habituel prétend, devant la presse, que ce dernier aurait inversé les arrivées d'oxygène et de protoxyde d'azote afin de nuire à son chef de service. Cette déclaration transforme un accident d'anesthésie en affaire judiciaire hors norme qui va se terminer en cour d'assises par l'acquittement du médecin accusé par le chef de service. L'appareil utilisé à Poitiers était la version « anesthésie » d'un respirateur initialement destiné à la réanimation respiratoire. Cet appareil, conçu pour l'anesthésie sans réinhalation des gaz expirés, ne comportait pas d'analyseur de concentration d'oxygène dans le gaz inspiré par la patiente. À Limoges, lorsque la presse ne manqua pas de m'interroger sur la possibilité d'un tel accident, je pus répondre par la négative, étant donné que tous nos appareils étaient obligatoirement équipés d'un analyseur de la concentration d'oxygène inspirée. De plus, j'avais imposé la présence, dans chaque salle d'opération du CHU, d'une bouteille d'oxygène pouvant être reliée à l'appareil par une prise spécifique en cas de panne de la distribution centrale ou alimenter un ballon manuel servant au transfert du patient en salle post-interventionnelle.

Le procès aux assises fut marqué par une bataille d'experts qui n'était, en fait, qu'une bataille dans la guerre opposant de longue date deux équipes parisiennes. Bien entendu, ni la cour ni les jurés ne comprirent un mot des explications et des contradictions sur les effets du protoxyde d'azote et de l'hypoxie sur cette malheureuse patiente, aussi, tous les protagonistes de cette lamentable affaire furent acquittés. La vérité est probablement plus simple et plus terrible. Il est vraisemblable que le sabotage de l'appareil d'anesthésie n'a existé que dans l'imagination du chef de service et que l'hypoxie est survenue en fin d'intervention parce qu'aucune des personnes présentes ne s'est aperçue que la patiente n'avait pas repris sa ventilation et aurait mérité qu'on appuie sur le ballon d'anesthésie au lieu de s'occuper de tâches diverses sans rapport avec la surveillance d'une anesthésie. L'anesthésie est une activité à risques qui exige une vigilance de tous les instants, car les catastrophes sont rares mais brutales.

Un peu avant ma nomination en 1976, les deux sociétés d'anesthésie françaises, dont l'existence n'était justifiée que par la haine que se vouaient quelques patrons à l'origine de la scission, parvinrent enfin à une fusion et à la parution d'une seule revue scientifique : les *Annales françaises d'Anesthésie et de Réanimation*. Mon patron avait fait partie des initiateurs de cette fusion et avait été nommé rédacteur en chef de la revue. Cependant, un an plus tard, il avait quitté l'anesthésie-réanimation pour la réanimation médicale, et les anesthésistes, à l'initiative de mon collègue et ami du CHU Bichat-Claude-Bernard, Jean-Marie Desmonts, reprirent le contrôle de la revue et de la Société française d'anesthésie et de réanimation (SFAR). Jean-Marie Desmonts souhaitait que la société française, comme son équivalent britannique, émette des recommandations et des règles de bonnes pratiques afin de définir les standards et les conditions de sécurité de l'exercice de l'anesthésie. Le but des travaux de la SFAR (Société française d'anesthésie et de réanimation) était d'aider les praticiens de l'anesthésie-réanimation. Les recommandations devaient, en particulier, permettre d'exiger des gestionnaires des établissements aussi bien publics que privés des conditions matérielles d'exercice correspondant aux normes et aux standards de sécurité définis par les experts de la société savante. Bien entendu, les recommandations de la SFAR pouvaient également être utilisées par les experts et les magistrats afin de déterminer, en cas d'accident, si la conduite de l'anesthésie avait été conforme aux règles de bonnes pratiques.

À partir de cette époque, j'ai participé à de nombreux groupes de travail de la société d'anesthésie ainsi qu'à des conférences d'experts et de consensus. Progressivement, l'anesthésie-réanimation s'est organisée et s'est dotée de règles de fonctionnement, puis, sous l'impulsion de la présidente de la SFAR, madame le professeur Marie-Claire Laxenaire, en 1994, d'un décret imposant les conditions de sécurité de sa pratique. J'ai participé activement à toutes les activités de l'anesthésie-réanimation et j'ai ainsi occupé diverses fonctions au sein du conseil d'administration de la SFAR, du conseil scientifique, de diverses commissions chargées, en particulier, des matériels destinés à l'anesthésie. J'ai également présidé le Syndicat des professeurs d'anesthésie-réanimation, puis j'ai été élu au Comité national des universités, chargé de nommer les nouveaux professeurs et maîtres de conférences. L'anesthésie-réanimation est une spécialité consciente du chemin qui reste à parcourir pour aboutir à une harmonisation des pratiques au sein de l'Union européenne. Une académie européenne avait été créée sous l'impulsion d'un groupe représenté en France par le professeur Lassner. Un diplôme européen fut créé afin d'aller vers un enseignement commun et un «board» européen, à l'image du board américain.

Ce diplôme est toujours accessible aux volontaires de l'Europe qui ajoutent ainsi une pièce à leur CV. L'examen comporte un écrit par QCM (questions à choix multiples) au nombre de six cents, puis, pour les admissibles, un oral qui peut être passé dans divers centres situés dans de grandes villes universitaires européennes. Les jurys sont bilingues, afin de limiter les frais de fonctionnement, et les candidats choisissent la langue d'interrogation qui leur convient et qui correspond au centre d'examen. Ainsi, à Strasbourg, où j'ai participé souvent au jury, il était possible d'opter pour le français, l'anglais ou l'allemand. J'ai ainsi interrogé des candidats en français et en anglais et même une fois en allemand lorsqu'il manquait un collègue. En Espagne, à Valence, j'ai participé une fois au jury en interrogeant en français et en anglais. Ces participations au jury européen favorisaient les échanges avec les collègues étrangers. Ainsi, j'ai noué des relations amicales et de travail avec une équipe de Rotterdam et des collègues de Bruxelles et de Liège. Grâce à ces relations, j'ai été sollicité pour participer à des réunions dans plusieurs pays d'Europe comme orateur et j'ai pu participer à des travaux communs. Malheureusement, le diplôme européen d'anesthésie-réanimation reste facultatif et il est possible d'exercer la spécialité dans tous les pays de l'union moyennant la possession d'un diplôme national, alors qu'il est notoire que le niveau de formation n'est pas le même dans tous les pays. Un long chemin reste à parcourir pour aboutir à une formation médicale homogène en Europe.

Ces activités nationales et internationales ne m'empêchaient pas de poursuivre mon activité au bloc opératoire ni l'enseignement et la recherche clinique.

La chirurgie s'est développée rapidement après 1976, car de jeunes professeurs et praticiens hospitaliers sont venus renforcer les équipes du CHU. En ORL, un jeune professeur, venant de Paris, a été chargé de développer cette discipline qui était sinistrée. J'étais heureux de l'accueillir, en particulier pour qu'il prenne en charge l'extraction des corps étrangers des voies aériennes de l'enfant que les pédiatres me demandaient d'assurer avant son arrivée. Très rapidement, mon collègue, le professeur Sauvage, développa la chirurgie carcinologique lourde, la chirurgie de la surdité et toutes les techniques de cette spécialité complexe et risquée pour les anesthésistes qui ont souvent à faire face à un contrôle difficile des voies aériennes. Il y avait un tel besoin en Limousin qu'il fallut rapidement créer un autre poste de professeur et des postes de praticiens dans cette discipline.

La chirurgie cardiaque a démarré à la même époque et a connu un développement rapide, malgré une courte période de blocage marquée par un conflit entre le chirurgien et le service d'anesthésie. En effet, l'élève de Christian Cabrol pensait, comme à Paris, choisir ses anesthésistes et leur mode de formation. Le conflit fut bref et, au bout de quelques mois, l'équipe d'anesthésie fut désignée par mes soins et son complément de formation fut assuré au CHU de Genève dans le service du professeur Gemperlé, où les praticiens effectuèrent par roulement un stage de plusieurs semaines. À l'issue de cette confrontation de quelques mois, tous mes collègues chirurgiens furent convaincus à la fois de ma capacité de résistance et de ma volonté de participer à la qualité de la chirurgie pratiquée au CHU.

J'ai entretenu durant toute ma carrière des rapports virils mais courtois avec tous mes collègues. Au bout de quelques années, le service d'anesthésie-réanimation comptait environ cent cinquante personnes dont quarante-cinq praticiens hospitaliers et autant d'infirmières anesthésistes. Diriger un service aussi gros nécessitait un investissement important pour surmonter les difficultés et les obstacles à court et à long terme. Ainsi, lorsqu'il a fallu créer une consultation préopératoire d'anesthésie, j'ai eu de longs échanges avec la direction pour obtenir des locaux suffisants et un secrétariat organisé. Le directeur général, avec lequel j'avais de bons rapports, finit par m'avouer que certains de mes collègues chirurgiens essayaient de le convaincre de ne pas m'accorder les moyens nécessaires alors que les consultations à distance de la chirurgie étaient devenues une obligation légale et que leur développement était destiné à faciliter l'exercice de la chirurgie programmée, ambulatoire ou non. Le milieu hospitalo-universitaire n'a jamais été un long fleuve tranquille et, pour exister, il faut une bonne dose de diplomatie et parfois de force de caractère.

Ma carrière hospitalo-universitaire a été longue et heureuse et j'ai noué des relations de travail et parfois d'amitié avec de nombreux collègues français et étrangers. Mon service était reconnu en France comme performant sur le plan de la pratique quotidienne ainsi que sur le plan de l'enseignement et de la recherche clinique, alors que j'avais été nommé interne quelques années avant dans un environnement médical sinistré. Cette reconnaissance m'a permis de participer aux activités nationales et internationales de la Société française d'anesthésie et de réanimation.

J'ai ainsi été amené à participer à l'enseignement de l'anesthésie en Afrique francophone et à de nombreux congrès européens et nord-américains.

Cette longue activité n'a pas été exempte de déceptions et d'accidents de parcours parfois pénibles. Ainsi, je n'ai pas oublié le suicide d'une femme médecin d'une quarantaine d'années que je n'ai pas vu venir. Cette jeune anesthésiste était venue du nord de la France prendre un poste dans un petit établissement de la région à la suite de son divorce. Lorsqu'elle est venue me rendre visite, elle me paraissait souffrir de son isolement professionnel et personnel. Je lui proposai un poste de praticien qu'elle accepta. Ses qualités professionnelles étaient appréciées de tous et elle paraissait s'intégrer dans l'équipe médicale malgré sa discrétion. Un dimanche matin, je reçus ses doléances dans mon bureau au sujet du praticien africain avec qui elle avait partagé sa garde de nuit et avec lequel elle avait eu un différend qui paraissait sérieux mais dont les causes n'étaient pas claires.

Un peu après midi, elle me téléphona chez moi pour m'avertir qu'elle ne viendrait pas le lendemain et, alors que j'essayais de la persuader de changer d'avis, je n'entendis brusquement plus sa voix. La sachant déprimée, j'appelai le SAMU qui se rendit chez elle et la trouva en arrêt circulatoire. Pendant la communication, elle s'était injectée une dose massive de penthotal et de curare. Le médecin du SMUR avait réussi à récupérer l'arrêt cardiaque, mais elle décéda le lendemain en coma dépassé. Afin de tenter de contacter une famille, je fis paraître un avis de décès dans le journal *Le Monde* et je pus ainsi recevoir la visite de son frère quelque temps plus tard.

Le nombre d'anesthésies pratiquées s'élevant à plus de vingt-cinq milles par an, il y eut quelques accidents à déplorer, cependant, le nombre de plaintes et de procès aboutissant à la condamnation du CHU ou d'un médecin est resté très faible. Si ma mémoire est intacte, le CHU a eu à déplorer une condamnation lourde par le tribunal administratif à la suite d'un arrêt respiratoire avec séquelles cérébrales survenu en salle de réveil. Un autre procès au tribunal administratif entraîna la condamnation de l'hôpital en raison de séquelles d'hypoxie provoquées par des difficultés d'intubation. Enfin, un médecin du service fut condamné en correctionnelle pour une erreur transfusionnelle commise par l'interne de garde en chirurgie. Ce dernier fut considéré comme irresponsable, car non titulaire du diplôme de docteur en médecine. L'anesthésiste refusa de faire appel du jugement comme je le lui demandais alors qu'elle aurait pu être mise hors de cause.

L'anesthésie expose à des incidents ou à des accidents imprévisibles. L'allergie aux médicaments est une complication redoutable lorsqu'elle se traduit par un choc anaphylactique[26]. Les curares sont le plus fréquemment à l'origine de ce choc allergique. Le choc aux curares peut se manifester lors de la première anesthésie. Le groupement chimique responsable de l'allergie au curare est présent dans de nombreux produits comme les cosmétiques, les détergents et certains médicaments comme les antispasmodiques, d'où de nombreuses occasions de sensibilisation préalable à l'anesthésie. Ainsi, le premier contact avec le curare peut déclencher un état de choc plus ou moins intense, pouvant, au pire, se traduire par un arrêt cardiaque brutal. Je me souviens d'un tel choc au curare chez une jeune fille d'une vingtaine d'années subissant sa première anesthésie pour la pose d'un anneau gastrique destiné à traiter son obésité. L'intervention fut repoussée, car la patiente dut recevoir une perfusion d'adrénaline pendant plusieurs heures afin de maintenir sa tension artérielle à une valeur normale. Elle fut opérée quelques mois plus tard après avoir subi des tests prouvant son allergie au curare et précisant lequel pouvait lui être administré sans risque. L'exploration des accidents allergiques en anesthésie avait été confiée à une jeune praticienne du service qui s'était formée dans les services d'anesthésie de Marie-Claire Laxenaire et d'immunologie de madame Monneret-Vautrin à Nancy.

26. Choc anaphylactique : état de choc grave provoqué par l'allergie à une substance ou à un médicament. Les curares sont à l'origine des chocs les plus fréquents et les plus graves en anesthésie.

J'ai aussi en mémoire un choc anaphylactique à l'antibiotique injecté au moment d'opérer un patient de sa vésicule biliaire.

L'allergie au latex des gants chirurgicaux peut être en cause, comme ce fut le cas pour un patient opéré d'une éventration abdominale. Cet accident est survenu vers la fin de l'opération, comme souvent pour le latex.

D'autres accidents allergiques sont arrivés, pour lesquels je suis intervenu en renfort du médecin : en particulier, nous avons eu à traiter quelques accidents aux gélatines fluides qui étaient utilisées pour assurer l'expansion du volume plasmatique.

Une seule fois, un patient victime d'une allergie au curare est décédé. Il s'agissait d'un patient cardiaque qui prenait un bétabloquant, médicament connu pour aggraver le choc allergique. Il reçut de la Célocurine, curare d'action rapide, car il avait des critères d'intubation difficile. Le choc provoqua un arrêt cardiaque immédiat qui fut irréversible. Les examens sanguins confirmèrent la responsabilité du curare.

Parmi les autres aléas de l'anesthésie pouvant représenter un risque vital inopiné même chez des patients en bonne santé, classés *a priori* comme à faibles risques, figure l'hyperthermie maligne. Cette complication, heureusement rare, résulte d'une anomalie héréditaire du métabolisme du calcium dans les cellules musculaires. Cette affection n'a pas de traduction clinique en dehors de l'anesthésie chez les sujets atteints, mais l'administration d'anesthésiques halogénés par inhalation déclenche une hyperthermie qui peut dépasser 42 °C, une contracture musculaire généralisée et des troubles métaboliques graves aboutissant au décès du patient si un médicament spécifique n'est pas injecté immédiatement. Trente-six ampoules de Dantrolène, médicament spécifique de cet accident rare, doivent être immédiatement disponibles dans tout service pratiquant des anesthésies générales. L'hyperthermie maligne peut également être observée chez des patients atteints de diverses formes de myopathies ou chez ceux ayant fait une hyperthermie d'effort, mais ces affections sont dépistées à la consultation et entraînent l'éviction des agents halogénés du protocole anesthésique.

Durant ma carrière, j'ai observé une seule fois une hyperthermie maligne. Un homme jeune et sportif subissait l'ablation de la vésicule biliaire par cœlioscopie, lorsque sa fréquence cardiaque s'accéléra sans raison et que la concentration de gaz carbonique sanguine et expirée doubla malgré une augmentation de la ventilation délivrée par la machine. La seule cause possible était une hyperthermie maligne, bien que sa température soit restée à 38 °C. Grâce à l'administration de Dantrolène, les choses rentrèrent dans l'ordre, mais il fut hospitalisé quarante huit heures en soins intensifs, car les examens sanguins montraient une élévation anormale des enzymes intra-musculaires et de la myoglobine, confirmant la lésion des cellules musculaires. Il fut adressé, ainsi que ses frères, à l'un des centres spécialisés dans le diagnostic de la maladie, pour subir une biopsie musculaire permettant de confirmer la présence de cette affection héréditaire par la mesure de la contraction musculaire en présence de caféine ou d'un agent halogéné.

Parfois, cet accident peut être mortel, comme ce cas survenu il y a une vingtaine d'années à Aubusson. Un anesthésiste remplaçant avait appelé au milieu de la nuit le réanimateur de garde du CHU pour lui exposer le cas d'un jeune homme qu'il venait d'anesthésier pour une simple fracture d'avant-bras et qui était décédé dans un tableau associant hyperthermie et rigidité musculaire. Ce praticien ne connaissait manifestement pas cette pathologie pourtant spécifique de l'anesthésie. Le lendemain, j'ai écrit au chirurgien afin qu'il avertisse la famille du risque héréditaire auquel certains de ses membres pouvaient être exposés en cas d'anesthésie et qu'il les persuade de venir me consulter pour organiser leur dépistage. Malheureusement, aucune suite ne fut donnée, et il existe ainsi en Creuse au moins une famille dans laquelle certains membres sont porteurs de la tare et exposés à cet accident, rare mais potentiellement mortel.

L'anesthésie est une spécialité qui exige un bon niveau de connaissances médicales, car elle s'exerce de plus en plus souvent chez des patients âgés, porteurs d'affections chroniques en plus de leur problème chirurgical. La formation qui passait par l'externat et l'internat permettait d'acquérir une expérience médicale variée en même temps que les connaissances propres à l'anesthésie-réanimation.

La consultation préalable évalue le risque de l'anesthésie et de la chirurgie et permet, en dehors de l'urgence, une préparation médicale éventuelle du patient. L'anesthésiste doit assurer l'anesthésie chirurgicale, la surveillance du réveil et la prise en charge médicale des suites opératoires. Si la chirurgie se passe bien et que le patient quitte l'hôpital en voie de guérison, il se souviendra du nom du chirurgien auquel il s'est confié, mais oubliera le plus souvent celui de l'anesthésiste qui s'est occupé lui. L'anesthésiste reste un prestataire de services indispensable, mais le plus souvent oublié et même parfois considéré comme un simple collaborateur du chirurgien. J'ai toujours averti ceux qui se lançaient dans cette spécialité qu'ils devaient se préparer à un travail d' équipe, qu'ils devraient tirer leur satisfaction personnelle de la réussite collective et laisser les collègues chirurgiens s'attribuer le succès nécessaire à la satisfaction de leur ego. J'insistais également auprès des futurs spécialistes sur l'importance d'un bon équilibre psychologique, capable en toutes circonstances d'assurer le sang-froid nécessaire à l'exécution des gestes d'urgence.

En 2010, je fus admis à faire valoir mes droits à la retraite à l'hôpital (bien que les professeurs d'université ne bénéficient pas de retraite hospitalière). J'avais 67 ans, car j'avais prolongé mon activité comme me le permettaient mes quatre enfants. En fait, j'aurais pu effectuer trois ans au-delà de 65 ans en raison du handicap d'un de mes enfants. Cependant, je tenais à libérer mon poste afin de pouvoir recruter un agrégé exerçant à l'Université Mc Gill de Montréal ; aussi, j'avais obtenu de Jean-Marie Desmonts, alors conseiller du ministre de la Santé, le prêt d'un poste pour mon candidat moyennant la restitution du mien l'année suivante. J'avais la possibilité de devenir consultant pendant trois ans ou de conserver seulement mon poste universitaire pendant la même période. Je choisis de rester universitaire, car je ne voulais rien demander au directeur du CHU et souhaitais continuer à pratiquer l'anesthésie, ce qui n'était pas le cas des consultants habituellement employés à des tâches sans rapport direct avec leur discipline. Avant mon départ, j'avais envoyé une candidature avec CV à l'association Médecins sans Frontières.

Remplacements en hôpital général

Au début de ma retraite, j'ai effectué quelques remplacements dans des hôpitaux non universitaires. J'ai commencé à Rochefort, établissement un peu vétuste mais doté d'une activité importante. J'ai retrouvé des infirmiers anesthésistes formés à Limoges et étonnés de me revoir. J'ai travaillé avec des collègues chirurgiens et anesthésistes de bon niveau et très motivés. J'ai fait deux brefs séjours dans cet établissement et je n'ai malheureusement pas eu l'occasion de découvrir le nouvel hôpital dont l'ouverture était prévue l'année suivante. À Rochefort, j'ai profité de l'activité d'orthopédie et de la présence d'un anesthésiste bien formé à l'anesthésie locorégionale pour renforcer ma pratique de l'échographie. En effet, au CHU, j'avais relancé l'anesthésie locorégionale lorsque la technique d'électrostimulation nerveuse avait diminué les échecs des techniques qui reposaient sur la seule recherche des repères anatomiques. Par la suite, j'ai acquis un échographe, mais ma pratique s'est raréfiée lorsque j'ai cessé de participer au tour de gardes, à 64 ans, et que j'ai exercé l'anesthésie en neurochirurgie pendant mes dernières années d'activité.

J'ai également effectué deux remplacements de quelques jours à Vierzon, dont l'hôpital avait une activité nettement moins importante. La maternité était située dans un bâtiment récent, mais le nombre d'accouchements était peu élevé et l'accoucheur en astreinte habitait à Bourges. J'ai néanmoins pratiqué quelques analgésies péridurales qui se sont déroulées sans problèmes.

J'ai remplacé à plusieurs reprises un de mes anciens assistants qui était praticien à l'hôpital de Montauban. Je connaissais cet établissement, car j'avais été désigné en tant qu'expert médical à deux reprises pour des affaires concernant les urgences et une fois pour un problème chirurgical dans le service d'orthopédie.

Ces remplacements à Montauban étaient intéressants, car l'activité chirurgicale était importante et la maternité active. Le chef de service d'orthopédie savait que j'avais été expert et ne m'a jamais adressé la parole, ce qui ne m'a pas empêché d'anesthésier ses patients. En fait, l'expertise visant son service concernait un cas d'embolie pulmonaire et mon rapport avait conclu à l'absence de faute médicale. Le chef de service avait cependant peu apprécié que je souligne que la plainte de la famille de la victime avait été motivée par les critiques formulées, pendant sa visite, à l'égard de l'assistant qui avait opéré le patient sans commettre la moindre faute. Par contre, les deux expertises concernant les urgences avaient abouti à des condamnations de l'hôpital dont la direction ne me tint pas rigueur.

L'activité de la maternité me procurait pas mal de dérangements nocturnes et j'eus à faire face à quelques situations difficiles. Le chef de service et son adjoint, un praticien également proche de la retraite, étaient des accoucheur et chirurgien expérimentés, plutôt rassurants. Par contre, un praticien roumain avait un niveau nettement plus faible et j'ai eu quelques sueurs froides à son contact. Je me souviens en particulier d'une jeune femme, employée de l'hôpital, ayant une grossesse gémellaire. Cette femme avait la corpulence d'une adolescente et se présentait avec une distension utérine considérable. L'accoucheur m'informa qu'il comptait la laisser terminer sa grossesse par voie basse, ce qui me paraissait risqué compte tenu du gabarit de la patiente. Je lui posai une péridurale et le premier enfant sortit facilement la tête en premier. Par contre, le deuxième profita de la place libérée pour se mettre en siège et il fallut faire une césarienne, l'interne retenant le fœtus avec une main dans l'utérus pendant que le praticien préparait rapidement le champ opératoire. La césarienne se déroula bien, mais la rétraction utérine fut incomplète, probablement en raison de la grande distension préalable, et nous eûmes à faire face à une hémorragie de la délivrance de plus en plus difficile à contrôler et qui finit, dans un premier temps, en réanimation, puis, au petit matin, au CHU de Toulouse. La semaine suivante, j'appris que la patiente était en réanimation à Toulouse, intubée et sous ventilation artificielle. En fait, l'hémorragie de la délivrance avait été jugulée et la patiente avait décompensé une myocardite de la grossesse, affection rarement observée. Finalement, j'ai revu cette jeune femme, heureusement guérie, terminant sa convalescence dans le service de cardiologie de Montauban quelques semaines plus tard.

J'ai effectué à plusieurs reprises des remplacements à Épernay, petite ville située à une vingtaine de kilomètres de Reims, qui compte un hôpital et une clinique. La proximité de Reims explique l'activité anémique de l'hôpital. Le service de chirurgie viscérale avait un recrutement tellement faible qu'il lui était interdit d'effectuer la chirurgie du cancer du colon soumise à un seuil minimum de cas. L'ophtalmologie était pratiquée par des médecins roumains dont l'expérience opératoire était manifestement insuffisante. L'orthopédie était exercée par deux praticiens. L'un d'eux, d'origine syrienne, était un excellent opérateur, mais avait décidé de ménager ses coronaires en limitant son activité au minimum syndical. L'autre, une chirurgienne nonchalante, était peu motivée par une chirurgie qu'elle maîtrisait très mal et passait plus de temps à boire du café avec les infirmières du bloc qu'à opérer. La maternité avait été fermée à l'hôpital, qui, contre toute logique, avait acheté la maternité de la clinique, située à la sortie opposée de la ville. En conséquence, l'hôpital avait acheté deux véhicules pour que son personnel assure la garde d'obstétrique de la clinique. Lorsqu'une péridurale était à faire, l'anesthésiste se rendait avec la voiture de service à la clinique et couchait dans une chambre de la maternité jusqu'à l'accouchement. Si une césarienne était nécessaire, l'infirmière anesthésiste le rejoignait avec la deuxième voiture. Fort heureusement, l'anesthésiste de garde n'était jamais sollicité de nuit par le bloc opératoire de l'hôpital. À Épernay, tout équipement public baptisé portait le nom d'Auban-Moët, célèbre négociant en champagne. Toute la ville était vouée au commerce du breuvage pétillant et l'hôtel de ville était l'ancien hôtel particulier de la famille Moët. Outre quelques anesthésies, le remplaçant devait assurer les consultations d'anesthésie, peu nombreuses. Les patients qui venaient à l'hôpital travaillaient dans le champagne, mais seuls les ouvriers fréquentaient l'établissement Auban-Moët. L'hôpital d'Épernay est typiquement un établissement inutile, né grâce à la philanthropie clientéliste d'une grande famille locale. La proximité de Reims devrait entraîner la disparition du plateau technique, inutile, peu performant et coûteux.

Pendant ces premiers mois de retraite, j'ai connu pire avec l'hôpital de Châteaudun où j'ai accepté, à deux reprises, d'effectuer des gardes. Châteaudun est une petite cité d'Eure-et-Loir triste à mourir. L'activité chirurgicale de l'hôpital avait été supprimée, ce qui n'empêchait pas un praticien de Chartres de venir les lundis effectuer quelques actes comme des hystérectomies. L'anesthésiste remplaçant assurait l'activité obstétricale dont la faiblesse devait entraîner la disparition à terme. Il assurait aussi quelques sédations pour un ORL qui faisait de la petite chirurgie sous anesthésie locale et des anesthésies pour des sismothérapies (électrochocs) pratiquées sur les patients d'un hôpital psychiatrique voisin. Lorsque j'ai pris ma première garde, l'infirmière anesthésiste de Romorantin, qui assurait un remplacement, me dit que les gardes étaient tranquilles. Le lendemain matin, après la troisième césarienne, la première parturiente en urgence pour souffrance fœtale, la deuxième pour une présentation du siège entrée en travail avant la date prévue et la troisième chez une grande obèse à terme à qui j'avais posé une péridurale vers minuit, elle avait changé d'avis. En fait, j'étais tombé sur un épisode exceptionnel de cet établissement habituellement calme. En outre, j'avais été appelé dans l'après-midi par le service des urgences pour intuber et placer sous respirateur un patient en insuffisance respiratoire aiguë avant son transfert en réanimation à l'hôpital de Dreux. Les conditions de sécurité de l'activité obstétricale étaient à peine meilleures qu'en Afrique. En effet, il n'y avait pas de banque du sang et l'hôpital disposait simplement d'une réserve de six concentrés globulaires O Rhésus négatif (donneur universel) en cas d'hémorragie de la délivrance. Le pédiatre ne se déplaçait pas systématiquement pour chaque accouchement, et seul l'un des deux accoucheurs était chirurgien et donc capable de traiter une pathologie associée ou de pratiquer une hystérectomie d'hémostase, mais il était proche de la retraite sans perspective de remplacement.

Missions pour MSF (médecins sans frontières)

J'avais informé MSF (Médecins sans Frontières) de ma disponibilité, mais je fus obligé au préalable de faire opérer mon deuxième œil de sa cataracte et de subir également l'extraction d'un calcul qui refusait de quitter spontanément le bas de mon uretère.

En mai 2011, je fus envoyé au Nord-Kivu, dans l'est de la RDC (République démocratique du Congo), dans un village nommé Rutshuru, siège d'un hôpital d'environ deux cents lits gérés par MSF. La région est rurale, faite de nombreux petits hameaux dispersés à la frontière du parc des Virunga, magnifique réserve malheureusement infestée de troupes rebelles venues des pays voisins, surtout du Rwanda, pour combattre l'armée régulière et se livrer à divers trafics. Ces milices armées entretiennent une guerre qui dure depuis plusieurs années, malgré la présence de Casques bleus et grâce au désintérêt du pouvoir central. L'insécurité est présente en permanence et la population subit de nombreuses exactions par des mercenaires mais souvent aussi par l'armée régulière. Le trajet qui nous emmenait de la base de la mission à l'hôpital en quatre-quatre durait environ quinze minutes. Pendant les cinq semaines que j'ai passées dans la région, nous n'avons pas subi de braquage, mais il nous était cependant interdit d'effectuer le trajet de nuit. MSF nous avait donné cent dollars afin de nous sortir d'affaire en cas d'attaque par des bandes armées. Tous les matins, à sept heures, le chef de mission nous réunissait pour faire le point sur la sécurité. Il s'était, au préalable, informé auprès du gouverneur de la région d'éventuels troubles et de leur localisation. Ensuite, le personnel africain nous renseignait au fur et à mesure de son arrivée sur les conditions de sécurité dans son district. Le départ de deux véhicules, chargés de onzes personnes chacun, pouvait alors avoir lieu. L'hôpital était géré par MSF, à l'exception du service de radiologie (radiologie simple, conventionnelle). Les soins étaient gratuits, à l'exception des examens radiologiques, et la nourriture était fournie par l'ONG. MSF assurait la paye des infirmières et toutes les autres tâches étaient effectuées par les familles (repas, lessive…).

Pour ma part, j'étais responsable des soins intensifs, des brûlés, de la médecine péri- opératoire et du bloc opératoire. J'étais le seul anesthésiste-réanimateur et j'étais secondé par quatre infirmières et infirmiers anesthésistes, deux expatriées et deux Congolais.

Les soins intensifs étaient, en fait, une simple salle où étaient admis les patients les plus graves, car les infirmiers y étaient plus nombreux. Je n'avais pas de moyens de monitorage ni de respirateurs. Je pouvais obtenir le taux d'hémoglobine au chevet des patients avec un appareil Hemocue, la glycémie grâce à un lecteur de bandelettes et un test diagnostic rapide du paludisme à Plasmodium falciparum (la forme grave de la maladie). L'oxygène était fourni par un concentrateur à partir de l'air ambiant aspiré au travers d'un catalyseur. La concentration d'oxygène atteignait 100 % pour un débit d'air de quatre litres par minutes et diminuait à 80 % pour un débit de cinq litres par minute. L'unité accueillait des nourrissons atteints de neuropaludisme, arrivant dans le coma, avec une anémie aiguë pouvant atteindre 3 grammes d'hémoglobine par décilitre (pour une normale de 15 grammes par décilitres). Les infirmiers étaient bien entraînés et posaient très bien les perfusions et les transfusions de ces enfants. Même en mon absence, ils débutaient le protocole d'administration intraveineuse de la quinine et surveillaient régulièrement la glycémie qui peut chuter sous l'effet du traitement. Malgré le traitement, quatre nourrissons sont morts par arrêt respiratoire la première semaine sans que je puisse rien faire, car je ne disposais pas d'appareils de ventilation artificielle. Il est très frustrant de voir mourir un enfant d'un arrêt respiratoire en étant impuissant faute de moyens.

La visite aux brûlés et dans les salles communes des femmes et des hommes s'effectuait en compagnie de mes collègues chirurgiens. Il y avait beaucoup d'enfants brûlés par accidents domestiques, comme dans tous les pays du tiers-monde du fait des conditions précaires d'habitat et de confection des repas. Parmi les adultes, un certain nombre de brûlés étaient tombés dans le feu au cours d'une crise convulsive. En effet, les patients atteints de comitialité (épilepsie) ne trouvaient pas toujours les médicaments nécessaires et faisaient des crises dues au sevrage. Je me souviens aussi d'une jeune femme qui avait des brûlures étendues, car des mercenaires avaient mis le feu à sa case en pleine nuit, tuant son mari et plusieurs de ses enfants.

Un jeune enfant nous avait été envoyé pour des brûlures du second degré de la tête, de la face et de la partie haute du thorax, occasionnées par sa chute dans la marmite placée sur le feu quand sa mère, qui le portait dans ses bras, terrorisée par la fusillade à proximité de la case familiale, l'avait lâché.

Dans les services de chirurgie, les pathologies étaient variées. Beaucoup d'infections primaires ou secondaires à partir de plaies diverses et de fractures ouvertes.

Beaucoup de fractures consécutives à des accidents mais également à des plaies par armes blanches ou par armes à feu. Il n'était pas question de pratiquer des ostéosynthèses, aussi, les fractures fermées étaient traitées par traction ou contention et les fractures ouvertes par fixateur externe.

Nous avions beaucoup d'ostéomyélites chez des enfants, pathologie disparue de nos pays.

Nous recevions régulièrement des femmes blessées à la suite de viols avec violences. Ainsi, l'une d'elles avait été violée par des mercenaires qui lui avaient sectionné les lèvres. Elle avait dû subir une trachéotomie en urgence et nous avons pu la confier à la Croix-Rouge Suisse afin de lui faire subir une chirurgie de reconstruction à Genève.

Une psychologue péruvienne recevait les victimes de viol dans un pavillon proche de la maternité. Chaque semaine, elle présentait à notre réunion médicale un bilan effrayant comportant une trentaine de cas de violences sexuelles dont les âges extrêmes allaient de 2 à 70 ans.

Les familles des patients étaient, la plupart du temps, présentes dans l'hôpital et des ribambelles d'enfants nous assaillaient pour chercher des friandises dans nos poches ou nous demander de les prendre en photo. Grâce à la solidarité africaine, les patients sans famille pouvaient compter sur les proches des voisins pour manger et laver leur linge.

Pendant les dix-huit mois passés dans les services de phtisiologie de Bordeaux durant mon externat, je n'avais jamais observé de tuberculose comme celle d'une enfant de 24 mois admise aux soins intensifs, pesant 6,5 kilos, et porteuse d'une image de pneumonie tuberculeuse et des infiltrats des sommets ainsi que d'un ganglion cervical fistulisé (une écrouelle). La mère était présente avec plusieurs de ses jeunes enfants, dont un avec la varicelle.

J'eus quelques difficultés à la persuader que les autres ne devaient pas utiliser le même verre que leur sœur et je débutai un traitement antibiotique triple contenu dans un seul comprimé et associé à un deuxième comprimé d'Éthambutol. Au bout de quelques semaines, l'enfant allait mieux et commençait à reprendre du poids grâce aux compléments alimentaires. Elle quitta l'hôpital avec le traitement et une convocation pour un examen médical et un renouvellement dans trois mois.

Il y avait, dans l'hôpital, un service de pédiatrie, vaste salle commune où séjournaient les mères et les enfants. Les médecins africains qui s'occupaient de cette salle étaient des généralistes qui m'appelaient en consultation pour les cas difficiles, bien que ma pratique pédiatrique soit loin derrière moi.

Au bloc opératoire, nous avions deux salles et pratiquions entre quinze et vingt interventions par jour. Il y avait quatre chirurgiens, deux Africains et deux expatriés. Nous avions cinq à six césariennes par jour que nous casions entre deux chirurgies réglées. Les gardes de nuit étaient partagées entre les infirmier(e)s anesthésistes. L'après-midi, j'assurais les anesthésies pour permettre aux infirmier(e)s de prendre du repos avant ou après leur garde. J'ai commencé avec un chirurgien congolais et un nigérien ainsi qu'un américain et une canadienne. Cette dernière fut remplacée par un Hollandais, chirurgien vasculaire vivant en Nouvelle-Zélande et l'Américain fut remplacé par un Belge.

En arrivant le matin et à la demande, je passais aux urgences voir les patients éventuellement chirurgicaux et ceux qui avaient besoin de soins de réanimation.

La médecine pratiquée à Rutshuru était essentiellement guidée par l'examen clinique, car les moyens d'investigation étaient très réduits. Ainsi, en cas de ponction lombaire, le « laboratoire » était capable de compter les cellules, mais ne faisait pas l'examen chimique du liquide céphalo-rachidien. Pour obtenir un cliché pulmonaire (payé par le patient), il fallait l'amener à la radio située à une cinquantaine de mètres des soins intensifs. Si le patient avait un risque de désaturation (hypoxie), je renonçais à l'examen, car je n'avais pas de bouteille d'oxygène pour le transporter.

Ces conditions spartiates d'exercice nous enseignent la modestie et surtout la chance que nous avons de vivre dans des pays riches, disposant de possibilités d'exploration sans limites dont nous abusons souvent sans vergogne.

L'impossibilité d'accès à des méthodes d'examen sophistiquées nous laissait souvent un goût amer. Ainsi, une nuit, le chirurgien congolais a opéré un enfant de moins de 2 ans d'une invagination intestinale, pathologie fréquente et banale, mais il a constaté la présence d'une tumeur rétropéritonéale de la fosse iliaque. Si nous avions été en France, il aurait abordé la tumeur et effectué une biopsie et aurait prévu un scanner postopératoire. Pour obtenir la même chose ici, il aurait fallu envoyer l'enfant et le prélèvement biopsique à Kinshasa où aucun de ces examens n'était accessible gratuitement. La famille était, bien sûr, insolvable et dépourvue de couverture sociale. Il referma la plaie opératoire sans rien faire en se disant que, au cas où cette tumeur serait bénigne, les choses s'arrangeraient spontanément, et que, dans le cas contraire, il valait mieux éviter d'inquiéter la famille qui finirait par découvrir la gravité de son état bien assez tôt. La médecine humanitaire peut éviter des complications et des décès résultant des maladies et des accidents les plus fréquents, mais elle ne peut pas se substituer à une organisation de santé publique défaillante. Dans la plupart de ces pays émergents, la prise en charge des pathologies plus complexes ou moins fréquentes nécessitant des examens et des traitements onéreux est réservée à une minorité aisée. MSF évite cependant que les populations pauvres ou isolées n'aient aucun accès aux soins primaires.

Lorsque j'avais été envoyé à Kinshasa par la Société française d'Anesthésie pour participer comme intervenant au congrès de la Société africaine d'Anesthésie, j'avais appris avec effarement par un collègue africain que la fécondation *in vitro* (FIV) était une pratique fréquente et juteuse répandue dans les classes aisées de la société. En effet, dans ces milieux, les mariages étaient le plus souvent monogames et la conséquence d'un choix réciproque. Dans le cas d'une stérilité tubaire, éventualité assez fréquente après une salpingite tuberculeuse ou secondaire à une MST, la famille du mari exerçait des pressions en vue de la répudiation de sa femme stérile, d'où le recours à la FIV lorsque les époux tenaient l'un à l'autre et en avaient les moyens.

Nous logions dans des cases individuelles d'un domaine fermé et surveillé par des gardes non armés. La base était située dans un village à quinze minutes de l'hôpital. Nous prenions nos repas en commun sous une tonnelle qu'escaladaient de magnifiques gros lézards bleus et verts, attirés par les miettes jetées par certains d'entre nous. Dans la maison qui abritait la cuisine, la pièce à vivre comportait un téléviseur branché sur une parabole satellitaire. Tous les soirs, la majorité des intervenants était vissée devant les matchs de football internationaux et je profitais de leurs exclamations, car ma chambre était à côté de leur poste. Pour ma part, je passais mes soirées sous ma moustiquaire à lire le premier volume des *Mémoires d'outre-tombe* de Chateaubriand que je terminai avant de rentrer en France.

Le matin, je me levais tôt afin de disposer d'une cabine de douche sans faire la queue. Les cabines de douche se trouvaient dans la cour et comportaient un robinet d'eau froide. L'eau chaude était accessible dans des vastes marmites que le personnel avait disposées sur des braseros dans la cour. Nous avions chacun un seau et une cruche afin de disposer d'eau tiède. La cruche servait de douche manuelle.

La cuisine était dans un état de saleté déplorable, aussi j'ai renoncé à disputer mes repas du soir aux rats qui profitaient de l'absence des cuisinières pour tenter leur chance. La décongélation de la viande se faisant avec de l'eau, il était nécessaire de la consommer très cuite, ce qui s'avérait difficile, car la chèvre est coriace même peu cuite. En fait, je me suis nourri d'œufs, de pâtes, de légumes et de fruits, ce qui a limité ma perte de poids à sept kilos en cinq semaines.

À la fin de la mission, j'ai regagné Goma avec Agnès, l'infirmière anesthésiste. Nous avons séjourné quarante-huit heures au siège de MSF, au bord du lac Kivu et nous avons profité de la cuisine excellente concoctée pour nos administratifs.

Après un voyage automobile vers Kigali et un vol *via* Bruxelles, j'ai retrouvé mes habitudes d'Européen privilégié.

Malgré des conditions de vie un peu spartiates et les difficultés d'une médecine rudimentaire à laquelle nous n'étions pas habitués, l'ambiance était bonne pendant et après le travail. Tous les samedis soir, le chef de mission et les administrateurs préparaient un barbecue pour améliorer l'ordinaire. Une seule fois, notre repas fut interrompu par des tirs de Kalachnikov et nous dûmes nous réfugier pendant une bonne heure dans une pièce sans fenêtre, à l'abri des balles perdues en attendant la fin des hostilités entre groupes armés.

Au mois de novembre 2011, je suis reparti pour une mission dans la bande de Gaza. En arrivant au siège de

MSF à Paris, j'ai reçu un appel du directeur de l'hôpital de Guéret, ancien directeur du personnel médical du CHU, qui cherchait désespérément un anesthésiste. Je lui ai promis de lui rendre visite un mois plus tard dès mon retour.

La mission devait commencer par une évaluation des possibilités d'implantation à l'hôpital de Gaza ville d'une unité chirurgicale de traitement des fentes palatines, pathologie fréquente dans ce territoire et jusqu'ici prise en charge par des dentistes. Dans ce but, je suis parti avec un chirurgien maxillo-facial allemand déjà impliqué dans cette activité en Jordanie. La suite de la mission devait être consacrée à la chirurgie plastique avec un autre chirurgien allemand, dans le sud de la bande de Gaza, dans l'hôpital Nasser situé à Kahn Younès, dans une zone dominée par les salafistes.

Nous avons atterri à Tel Aviv dans la nuit du 17 au 18 novembre et, après un passage obligé chez l'officier de sécurité, nous avons gagné Jérusalem est, siège de MSF. Nous avons passé le week-end à visiter la vieille ville et à dîner dans un restaurant palestinien de Jérusalem est, car la frontière est fermée les jours de prière et de shabbat. Nous avons gagné le poste frontière d'Erez le 20 novembre et fait la queue pendant plus d'une heure avec les Palestiniens avant d'être autorisés à subir les nombreuses questions identiques de plusieurs agents israéliens qui ne cachaient pas leur peu de sympathie à l'égard de gens qui allaient aider leurs ennemis. Après ces formalités, il restait à marcher pendant environ un kilomètre sur un chemin bétonné et grillagé de toutes parts avant de parvenir au poste frontière palestinien où l'investigation des bagages était destinée à exclure les produits interdits comme le saucisson ou l'alcool. Après un court trajet en voiture, nous avons atteint la maison de MSF dans Gaza ville. La villa était plutôt confortable, située dans un quartier calme et commerçant. J'était logé dans une chambre du rez-de-chaussée dont les volets donnant sur la rue étaient bloqués pour des raisons de sécurité, mais je disposais d'une salle de bains et de toilettes personnelles. La cheffe de mission était très sympathique et nous amena au siège de l'association, où étaient stockées la réserve de matériel et la pharmacie et rangés les véhicules. Dès le lendemain, nous avions rendez-vous avec les médecins de l'hôpital Al-Shifa de Gaza ville responsables de la pathologie maxillo-faciale et avec le directeur de l'établissement. En fin de matinée, nous avons été reçus par le ministre de la Santé, membre du Hamas. Lorsque nous sommes arrivés dans l'antichambre de son bureau, sa secrétaire nous a accueillis, voilée des pieds à la tête et gantée. Le ministre est venu nous accueillir et nous a serré la main à l'exclusion des deux femmes qui composaient la délégation. Au bout de quarante-huit heures, j'ai compris que le projet concernant les fentes palatines ne se réaliserait pas, car il concernait de très jeunes enfants et impliquait que MSF puisse fournir des anesthésistes pédiatriques bien entraînés, ce qui n'était qu'une des difficultés, mais non la moindre, à surmonter.

Dès que le chirurgien plasticien est arrivé, nous nous sommes rendus à l'hôpital de Kan Younès. Les blocs opératoires étant en travaux, un hôpital sous tente avait été dressé dans la cour, mais les pluies diluviennes récentes avaient provoqué une inondation et des ouvriers étaient occupés à placer la tente sur des palettes afin d'éviter toute nouvelle infiltration. Pendant ce temps, dans un local de l'hôpital, le chirurgien devait recevoir les patients et sélectionner ceux qui devaient être opérés, afin que je puisse les examiner en consultation d'anesthésie. La règle était de réserver la chirurgie aux patients ayant une atteinte fonctionnelle et de refuser les interventions cosmétiques. En deux jours, mon collègue reçut soixante patients et m'en adressa une trentaine. Les consultations étaient facilitées par la présence d'une infirmière servant d'interprète. Le chirurgien allemand, Stephen, travaillait dans une clinique faisant essentiellement de la chirurgie de la main. Il m'expliqua que ses confrères continuaient à l'associer à la caisse commune pendant ses missions MSF. Entre le 20 et le 26 novembre, nous avons occupé notre temps à visiter des patients hospitalisés dans la clinique de rééducation de MSF dans Gaza, à vérifier le matériel d'anesthésie et de chirurgie et à superviser l'aménagement de la tente. Il manquait des médicaments comme le paracétamol injectable, la morphine était commandée et j'avais assez de Naropéine (anesthésique local) pour effectuer sept anesthésies locorégionales. La kétamine devait être livrée dans la semaine, je n'avais que neuf aiguilles de cinquante millimètres pour anesthésies locorégionales. L'appareil d'anesthésie était peu adapté à la ventilation des enfants de moins de dix kilos qui composaient pourtant la majorité des patients retenus et, en plus, la cuve d'halothane (anesthésique volatil) était bloquée et je n'avais qu'un vaporisateur à isoflurane avec lequel il est hors de question d'envisager des inductions d'anesthésie au masque sans risquer des spasmes laryngés. Les laryngoscopes étaient à ampoules (modèles anciens) dont la vision est nettement moins bonne qu'avec la lumière froide et il n'y avait pas de matériel d'intubation difficile adapté à l'enfant. En fait, tout le matériel et les médicaments étaient importés et nous allions dépendre du bon vouloir des autorités israéliennes comme tous les habitants de Gaza…

Le dimanche 27 novembre, nous pouvions commencer notre programme opératoire, après avoir perdu dix jours en réunions inutiles et subi du retard à cause d'une mauvaise gestion logistique. L'hôpital sous tente était installé dans la cour de l'hôpital Nasser, elle-même en travaux, d'où le bruit des engins qui tournaient autour de nous pendant les opérations. Toute la chirurgie était obligatoirement ambulatoire. Les patients, qui arrivaient avant huit heures, étaient accueillis dans des boxes situés dans la partie antérieure de la tente et préparés pour les interventions. Les boxes servaient aussi aux pansements chirurgicaux. Lorsque les pansements douloureux intéressaient des enfants, une anesthésie par kétamine intramusculaire leur était administrée par moi-même et surveillée par l'infirmière de chirurgie pendant que j'allais au fond de la tente, dans la zone d'opération, anesthésier et préparer le premier patient. À côté de la salle d'opération, se trouvait une salle de réveil surveillée par un infirmier palestinien. Nous arrivions un peu avant huit heures tous les matins avec tout le matériel chirurgical qui était remporté tous les soirs pour être nettoyé et stérilisé à Gaza. Nous étions censés quitter l'hôpital à seize heures trente, car il nous était interdit d'emprunter la route littorale après la tombée de la nuit en raison des risques d'accidents et des tirs de la marine israélienne. En fait, nous sommes partis quasiment quotidiennement sans respecter le couvre-feu. Stephen opérait avec, pour aide, le chef du service de chirurgie plastique de l'hôpital Nasser. Celui-ci était très motivé pour se former aux techniques opératoires que Stephen maîtrisait parfaitement et c'était un homme affable doté d'un grand sens de l'hospitalité. De mon côté, j'étais entouré en permanence par des médecins qui exerçaient l'anesthésie, mais qui étaient des généralistes formés sur le tas. Les techniciens d'anesthésie étaient incapables de surveiller un enfant anesthésié hors de ma présence, à l'exception d'un grand barbu salafiste qui était le seul capable de poser des perfusions. J'étais obligé de préparer les médicaments et de les injecter moi-même depuis que j'avais compris qu'un des techniciens ne savait pas que dix milligrammes de morphine dilués dans dix centimètres cubes de soluté représentaient une dose d'un milligramme par centimètre cube. Une seule fois, j'ai confié, pendant quelques minutes, à un des médecins un enfant en fin d'anesthésie pendant que je jetais un coup d'œil en salle de réveil; lorsque je suis revenu, le patient était cyanosé en raison d'une obstruction des voies aériennes supérieures, et j'ai du reprendre la ventilation manuelle après pose d'une canule pharyngée. J'ai donc décidé de suivre personnellement tous les patients du début de l'anesthésie jusqu'au réveil complet, car l'infirmier de salle de réveil n'avait lui non plus aucune compétence en anesthésie.

Les interventions concernaient en majorité des enfants de huit à dix kilos ayant pour la plupart des séquelles de brûlures avec des cicatrices rétractiles. Pendant les trois premiers jours, j'utilisais beaucoup de kétamine (anesthésique agissant par voie veineuse et intramusculaire) intramusculaire pour induire l'anesthésie et l'entretenir avec de l'isoflurane (agent volatil). Chez ces enfants de petit gabarit, il est plus facile de trouver une voie de perfusion après l'induction anesthésique. À partir du 3 décembre, j'ai récupéré ma cuve d'halothane (agent volatil bien toléré lors de l'inhalation), ce qui a facilité l'induction au masque. Les interventions duraient en moyenne deux heures, car cette chirurgie de lambeaux est minutieuse. Il en est de même pour les syndactylies (fusion congénitale de deux doigts) qui sont fréquentes dans cette population. Pour contrôler les voies aériennes, j'utilisais, dans la majorité des cas, un masque laryngé, dispositif permettant d'assurer la liberté des voies aériennes tout en évitant l'intubation de la trachée. Pour les adolescents et les adultes, je pratiquais des anesthésies locorégionales car j'avais un stimulateur de nerf qui facilite ces techniques.

Le 1er décembre, j'ai reçu la visite du pharmacien du Hamas qui ne comprenait pas pourquoi j'administrais de la morphine intraveineuse en peropératoire à des enfants qui avaient reçu du fentanyl (morphinique d'action rapide et courte). J'ai perdu mon temps à lui expliquer en anglais la différence entre l'analgésie per et postopératoire, la morphine étant destinée à éviter la douleur du réveil. Il me paraissait assez têtu et borné pour ne plus me délivrer de morphine. Heureusement, mon technicien barbu est intervenu et l'apostropha violemment en arabe. Je ne sais pas ce qu'il lui a dit, mais j'entendis le mot professeur au milieu des invectives et j'ai compris qu'il devait occuper un grade plus élevé, car le pharmacien s'est éclipsé sans demander son reste. Le technicien se chargea de me procurer des aiguilles à locorégionales et de la Naropéine (anesthésique local) après m'avoir signifié de m'adresser à lui chaque fois que j'aurais des besoins.

Jusqu'au 6 décembre, nous sommes parvenus à opérer tous les patients programmés en effectuant des journées opératoires de neuf à dix heures. Pour avancer le programme, je sautais les repas de midi afin de pratiquer les anesthésies locorégionales et de permettre la reprise notre activité sans interruption.

Le 6 décembre, Stephen et moi avons invité toute l'équipe qui avait travaillé avec nous dans un restaurant de Gaza pour un repas convivial.

Le 7 décembre, retour à Jérusalem. Au passage de la frontière, nous avons dû, afin que la porte du sas s'ouvre, déposer nos bagages sur le tapis roulant et nous tenir debout sur le support d'un scanner en tenant notre passeport à bout de bras. L'officier israélien que nous apercevions dans un bureau de l'étage nous voyait complètement nus. En effet, il m'enjoignit de repasser après avoir vidé mes poches, car il avait vu que j'avais une plaquette de gélules dans mon pantalon.

Le 8 décembre, je repris l'avion pour rentrer en France.

En rentrant, j'ai appelé le directeur de l'hôpital de Guéret et, après quelques gardes dans cet établissement, il m'a proposé un poste de clinicien hospitalier à mi-temps que j'ai accepté à condition qu'il me fournisse un logement. Par ce statut, je me suis engagé à faire fonctionner le bloc opératoire le matin et à effectuer les consultations l'après-midi, une semaine sur deux. Ayant droit, comme tout praticien, à cinq semaines de congés, je pouvais poursuivre mon activité avec MSF.

Au mois d'avril, je suis parti pour le Pakistan. Après une escale de deux heures à Abou Dabi et une heure de retard, je suis arrivé à Islamabad dans la nuit du 3 au 4 avril à trois heures. À sept heures, j'ai recommencé les démarches administratives déjà effectuées à Paris (il y a peut-être un peu trop de bureaucratie à MSF), puis je suis parti pour l'hôpital de Hangu avec un chauffeur. Le trajet a duré cinq heures que j'ai passées à dormir. Hangu est une petite cité située dans la province du Nord-Ouest, à une cinquantaine de kilomètres de Kaboul. La province sert de base arrière aux talibans d'où des troubles fréquents avec l'armée pakistanaise, mais aussi entre sunnites et chiites. Hangu est à trois heures de route de Peshawar. La région est montagneuse et les paysages magnifiques, mais je les verrai peu, car il nous est interdit de sortir de l'hôpital à cause des risques d'enlèvement. L'hôpital est pavillonnaire et il abrite des cliniques privées et une partie confiée à MSF qui comprend les urgences avec une urgentiste galloise, la maternité avec une sage-femme japonaise et la chirurgie avec un orthopédiste lyonnais retraité et une anesthésiste anglaise que je viens remplacer. Nous avons une salle d'opération et une petite salle de réveil. Nous disposons en général de deux unités de sang total, le plus souvent prélevé dans l'entourage des patients. Les infirmiers de salle d'opération sont pakistanais, ils sont efficaces et sympathiques, il n'y a pas d'infirmier anesthésiste. Malheureusement, le chirurgien nous quitte quelques jours après mon arrivée pour céder la place à un collègue japonais. J'ai eu le temps d'apprécier ses qualités. C'est un de ces vieux chirurgiens qui savent tout faire. Avant son départ, nous opérons une péritonite appendiculaire par incision médiane chez une enfant d'une dizaine d'années, nous effectuons des pansements de brûlés chez des enfants et des adultes avec quelques greffes. Une plaie traumatique de l'épaule chez un enfant de 10 ans, une reprise d'une circoncision, faite par un non-médecin, qui saigne, chez un nourrisson de 6 mois. Enfin, le soir, avec l'urgentiste, nous transfusons deux unités de sang à une femme enceinte de six mois qui a fait une fausse couche sur gémellaire pour une sixième grossesse et qui est arrivée choquée avec un taux d'hémoglobine de 2,6 grammes par décilitre. Après transfusion, elle va mieux et son hémoglobine est remontée à 8,8 grammes. Jusqu'au 28 avril, date de mon départ, l'activité chirurgicale sera très variable d'un jour à l'autre. La plupart des patients sont des brûlés auxquels il faut faire des pansements réguliers et des greffes de peau. Parmi eux, une majorité d'enfants, victimes d'accidents domestiques. Les césariennes sont le deuxième motif de chirurgie. Aucune d'entre elles n'était prévue, car le suivi des grossesses est absent ou mal fait. En effet, nous avons césarisé une femme arrivée à dilatation complète avec un placenta prævia[27] et, par chance, un enfant vivant malgré l'hémorragie importante. Nous avons eu également à césariser une présentation de la face avec la tête à la vulve[28]. La plupart des parturientes sont de grandes

27. Placenta prævia : placenta recouvrant l'orifice interne du col utérin. La dilatation du col entraîne une hémorragie massive avec risque de mort fœtale et maternelle. Quand le diagnostic échographique est fait, une césarienne est indiquée avant tout démarrage de l'accouchement.
28. En cas de présentation de la face, la césarienne doit être pratiquée avant le déclenchement du travail, car l'accouchement par voie basse est impossible.

multipares et nous avons aussi eu une adolescente de 16 ans avec un gros enfant et un bassin limite. Le père avait l'âge d'être son grand-père et son seul souci était de savoir si l'enfant était un fils, moyennant quoi, l'état de la mère ne parut pas l'intéresser. Il y a des pays où une chèvre a plus de chances d'être bien traitée qu'une femme. Nous avons eu à soigner des plaies par balles, mais, souvent, l'éloignement et la précarité des transports nous ont amené des sujets décédés. Au bout d'une semaine, l'infirmière coordinatrice et la sage-femme ont été rapatriées à Islamabad en raison des menaces d'enlèvement émanant d'un groupe de talibans de la région. Notre urgentiste a décidé de rester ; quant au chirurgien et à l'anesthésiste, ils sont toujours les derniers à évacuer. Pendant ce séjour, j'ai souvent aidé ma collègue urgentiste. Ainsi, les premiers jours, j'ai découvert une enfant de 5 ans victime d'un traumatisme crânien que les urgentistes locaux avaient laissée dans un coin, pensant qu'elle allait mourir parce qu'elle avait convulsé et avait un score de Glasgow[29] à 8 et une otorragie[30]. Après intubation et mise sous respiration artificielle, les mouvements de décérébration ont disparu, sa saturation en oxygène s'est normalisée et elle était plus réactive, bougeant spontanément les quatre membres. Je l'ai évacuée vers Peshawar par la route, accompagnée par un infirmier, sous ventilation

29. Score de Glasgow : score servant à évaluer la gravité d'un coma sur une échelle de 1 à 15.
30. Otorragie : hémorragie par le canal auditif externe signant une fracture du rocher.

au ballon auto gonflable, sédation et curarisation, afin d'éviter une extubation accidentelle. Il ne m'a pas été possible de l'accompagner à cause du risque d'attaque et d'enlèvement au retour. Nous étions consignés pour la durée du séjour dans la maison située dans l'hôpital. J'ai été amené à deux autres reprises à envoyer des patients en réanimation à Peshawar, toujours accompagnés par un infirmier avec des consignes précises concernant la sédation et la ventilation. La première patiente était une petite fille de 18 mois épileptique connue et explorée, qui est arrivée aux urgences en état de mal convulsif résistant aux deux médicaments disponibles, le Valium et l'hydantoïne. Ma collègue urgentiste m'a appelé afin de lui administrer du penthotal, ce qui a nécessité l'intubation et la ventilation artificielle. J'ai eu des nouvelles rassurantes de cette patiente par le coordonateur médical. L'autre patient était un garde de l'hôpital de 45 ans, victime d'un traumatisme crânien avec coma, score de Glasgow de huit, hypertension et agitation. Après sédation, intubation et curarisation, je l'ai envoyé à Peshawar. Je suis reparti pour Islamabad avec la sage-femme le 28 avril. J'ai passé le week-end avec l'équipe locale en attendant mon vol qui partait à trois heures du matin. J'ai raté la correspondance à Abou Dabi et j'ai repris un vol à minuit après un repos dans un hôtel de l'aéroport. Le séjour à Hangu manquait d'activité. Les interventions étaient irrégulières, j'aurais préféré être débordé que souvent peu occupé. Le premier chirurgien était très efficace et je l'ai regretté. Le collègue japonais était trop lent et souvent un peu trop hésitant.

Au mois de janvier 2013, je suis reparti avec MSF pour une mission à Haïti. Je suis arrivé à Port-au-Prince le 3 janvier en étant programmé pour rester jusqu'à la fin du mois. En fait, je mettrai fin à mon séjour le 15 janvier à ma demande. L'hôpital MSF est un bâtiment préfabriqué dont les salles d'opération sont climatisées et qui abrite également une unité de brûlés et des soins intensifs.

L'activité opératoire est intense et se répartit entre l'expatrié et des anesthésistes locaux. Un infirmier anesthésiste est expatrié et il y a aussi quelques infirmières anesthésistes locales. Le travail pourrait être agréable et utile si les chirurgiens étaient compétents et motivés. L'un d'entre eux est un très bon opérateur orthopédiste et un homme bien éduqué qui dit bonjour et merci et qui s'adresse en français aux expatriés. Les autres, plus jeunes, sont mauvais et mal élevés. Ils discutent entre eux et avec le personnel en créole et sont là manifestement pour se faire la main avant d'aller monnayer leurs techniques dans les cliniques de la ville. L'unité de brûlés étant l'exclusivité de MSF ne les intéresse pas et l'interniste suisse qui est responsable de ce secteur passe beaucoup de temps à les harceler pour qu'ils respectent les dates des changements de pansements. Je fais un maximum de chirurgie sous rachianesthésie (anesthésie locorégionale de la partie inférieure), car les infirmières de la salle de réveil passent plus de temps à discuter et à se faire les ongles qu'à surveiller les patients. D'une manière générale, les rapports avec le personnel sont réduits, car il faudrait comprendre le créole pour apprécier les plaisanteries continuelles et bruyantes. Même en salle d'opération, sans aucun respect des patients, les discussions continuent sans qu'il vienne à l'idée de quiconque de vous proposer son aide, par exemple pour installer un patient en vue d'une anesthésie rachidienne. Le 8 janvier, nous recevons un homme victime d'une chute dans une cuve de mélasse dans une fabrique de rhum. Il est brûlé à 75 %, heureusement uniquement en deuxième degré. Pendant le pansement sous anesthésie, les chirurgiens chantent et racontent des blagues en créole et tout le monde s'esclaffe. Je finis par m'énerver et exiger, sans succès, le silence. Puis l'infirmière anesthésiste me quitte pour ne pas rater son bus, car le quartier est peu sûr, et je m'aperçois qu'elle a aussi rangé la morphine que je dois aller récupérer en courant. Quelques jours plus tard, nous recevons la visite d'un chirurgien plasticien d'Afrique du Sud à qui on propose d'opérer des cicatrices chéloïdes (hypertrophiques) de brûlures du cou et du membre supérieur, bien que le retentissement fonctionnel soit plutôt discret. L'anesthésie à l'halothane se passe bien, mais, avant l'incision, apparaissent des troubles du rythme, une bradycardie et un arrêt cardiaque bref récupérant rapidement après quelques massages et de l'adrénaline. L'intervention est annulée et le patient, âgé de 10 ans, récupère sans séquelles. Je n'ai pas d'appareil à ECG ; j'explique à la mère qu'il serait utile de consulter un cardiologue pour rechercher une anomalie de l'électrocardiogramme pouvant expliquer un trouble du rythme provoqué par les agents anesthésiques volatils.

Je rentre en France le 15 janvier. C'est la seule mission MSF qui m'a déçu en raison du peu d'intérêt du personnel de santé local, mais aussi à cause de la bureaucratie de l'organisation qui explique que j'ai vu en peu de temps passer des personnes non soignantes venant des USA et d'Europe pour des réunions dont l'utilité restait à démontrer. La croissance de toute association expose à la pléthore progressive de personnels dont l'utilité est difficile à justifier et qui passent beaucoup de temps en voyages et en réunions stériles et coûteuses.

La situation de Haïti est épouvantable. Aucun service public ne fonctionne correctement et la misère profonde de la majorité de la population cohabite avec une corruption massive de tous les décideurs.

La dernière mission que j'effectue pour MSF a lieu en novembre 2013 au Yémen du Sud.

Je suis parti le 7 décembre de Roissy *via* Dubaï pour arriver à Sanaa le 8 dans la matinée. Le but de cette mission est de rouvrir un hôpital à Aden dont la fermeture avait été décidée par MSF à la suite d'une fusillade survenue dans ses locaux. Je suis accompagné par un chirurgien allemand, professeur de chirurgie générale à Munich.

Nous avons le temps de visiter Sanaa l'après-midi. C'est une chance, car cette architecture magnifique justement renommée a subi des dégâts irréversibles par les récents bombardements de l'armée saoudienne.

Le 9 décembre, nous partons pour Aden de bonne heure par un vol de quarante minutes. À l'arrivée, il fait très chaud et humide alors que Sanaa, située en altitude, connaît un climat sec et froid la nuit. L'hôpital est un immeuble dont le rez-de-chaussée abrite le bloc opératoire, l'accueil des urgences, un petit laboratoire destiné à la transfusion, la pharmacie et l'hospitalisation. L'étage est réservé à l'administration et aux logements du personnel. Les conditions d'hébergement sont satisfaisantes de même que les locaux d'hospitalisation

Du 9 au 13 novembre, nous mettons en place le matériel du bloc opératoire et perdons pas mal de temps en réunions et discussions inutiles. MSF est une ONG sympathique, mais un dégraissage administratif permettrait, outre des économies, de se recentrer sur le principal objectif, c'est-à-dire les soins. De plus, il faudrait évoluer afin d'offrir des soins chirurgicaux pas uniquement orientés vers la première urgence. Il faudrait être en mesure d'effectuer des ostéosynthèses[31] et de la chirurgie viscérale, urologique et gynécologique, plus lourdes. Pour ce qui concerne l'anesthésie-réanimation,

---

31. Ostéosynthèse : traitement chirurgical d'une fracture. La mise en place de matériel par ouverture d'une fracture fermée nécessite des conditions d'asepsie draconiennes qu'il est difficile mais pas impossible de réunir dans les pays pauvres.

l'équipement mériterait d'être revu. Le développement de l'échographie et de l'anesthésie locorégionale devrait être pris en compte. Il faudrait renouveler les appareils d'anesthésie pour qu'ils soient mieux adaptés à la pédiatrie qui représente une majorité des patients des pays en voie de développement. Il faudrait disposer de voies veineuses centrales et de ventilateurs adaptés à la période postopératoire. J'ai anesthésié des patients du 13 au 25 décembre. J'ai assuré la garde de vingt quatre heures tous les deux jours, en alternance avec une jeune femme en cours de spécialisation qui était l'amie du technicien d'anesthésie. Cette jeune femme, totalement, voilée avait terminé deux ans de formation sur les cinq nécessaires pour obtenir le «board» d'anesthésie. Avant que nous recevions les premiers patients, je lui ai proposé de lui faire un peu d'enseignement car j'avais emporté toutes mes diapositives sur une clé USB. J'ai eu ainsi l'occasion de tester ses connaissances théoriques qui étaient assez faibles. Sur le plan pratique, elle se débrouillait assez bien et je lui ai fait pratiquer des rachianesthésies et des blocs axillaires bien que nous n'ayons pas de stimulateur de nerf. J'ai tout de même dû insister lourdement pour qu'elle remonte ses manches avant d'enfiler des gants pour pratiquer une anesthésie rachidienne. Comme dans tous les pays émergeants, j'ai anesthésié beaucoup de brûlés pour effectuer leurs pansements ou pour les greffer. J'ai eu quelques traumatisés par accidents avec des fractures ouvertes. La grande majorité des patients, surtout pendant les gardes, était des victimes de plaies par balles ou par arme blanche, ce qui n'a rien d'étonnant dans un pays où le nombre de kalachnikovs serait égal, dit-on, à celui des habitants. Ainsi, j'ai reçu un soir un patient de 26 ans qui avait reçu dans la fesse une balle qui était ressortie dans la région inguino-scrotale, emportant au passage le rectum, une partie de la vessie, la prostate et l'urètre membraneux, le testicule droit et la moitié de la peau de la verge. Il s'en est tiré avec une mise à la peau du colon gauche et de la vessie et par la mise en place d'un champ dans la cavité laissée par le rectum. Pansements tous les deux jours. À la fin de mon séjour, il allait bien, mais je ne crois pas qu'il réalisait que ses stomies (mises à la peau) risquaient fort d'être de longue durée si ce n'est définitives. Il avait eu moins de chance cette fois, car, dans ses antécédents, il avait déjà subi une néphrectomie à la suite d'une plaie par balle.

Un autre soir, j'ai reçu un homme de 30 ans ayant des plaies par balle abdominales. Après résection d'une partie de l'intestin grêle et colostomie, un chirurgien vasculaire de ville a été appelé, car il avait aussi une plaie de la face interne de la cuisse avec atteinte des vaisseaux fémoraux. À ce stade, j'avais déjà administré au blessé quatre concentrés globulaires, deux unités de plasma frais, un litre de gélatine fluide et quatre litres de soluté salé et sa tension artérielle se maintenait moyennant la perfusion de 0,5 à 0,7 mg d'adrénaline par heure. Le chirurgien vasculaire répara la veine fémorale peu abîmée, mais devant une perte de substance de plusieurs centimètres de l'artère fémorale, il lui fallait prélever la veine saphène controlatérale et effectuer une greffe, ce qui prolongerait l'intervention d'au moins deux, voire trois heures alors que le patient était sur la table depuis cinq heures. L'état instable du patient risquait de rendre cette intervention très périlleuse, aussi, le chirurgien me demanda de lui donner une sonde d'aspiration trachéale stérile dont il préleva un fragment afin de confectionner un pontage provisoire, se proposant de reprendre l'opération le lendemain, lorsque l'état hémodynamique se serait stabilisé. Le lendemain, le patient était en meilleur état et la réparation vasculaire définitive put avoir lieu.

Toutes les histoires ne se terminaient pas aussi bien. Quelques jours plus tard, j'ai anesthésié une femme de 50 ans qui avait reçu un coup de couteau dans l'abdomen et dont la tension artérielle était instable. À l'ouverture de l'abdomen, le chirurgien a trouvé une plaie du foie qu'il a traitée, mais il y avait une plaie de la veine cave sous et derrière le foie. Le chirurgien vasculaire appelé a décidé l'abstention thérapeutique, car nous ne disposions que de deux concentrés globulaires qui avaient déjà été transfusés et la tension artérielle restait très instable malgré la perfusion de 1,5 à 2 mg d'adrénaline à l'heure.

La patiente fut réveillée et placée dans l'unité de soins continus où elle décéda à cinq heures trente.

Une demi-heure après la fin de l'intervention de cette patiente, j'ai été appelé à l'accueil pour un homme de 23 ans blessé par balle avec une entrée thoracique postérieure et une sortie dans l'hypochondre gauche. Un drain thoracique a ramené un litre de sang. Le patient avait une tension imprenable et des « gasps ». Malgré remplissage vasculaire, intubation et massage cardiaque, le décès était inévitable.

Le 26 novembre à minuit, vol pour Sanaa. Le jet d'une cinquantaine de places décolle après lecture d'un passage du Coran. À l'arrivée, il fait froid et il n'y a pas d'électricité. Le lendemain à dix heures trente, je quitte le Yémen pour Paris *via* Doha où j'expérimente le super avion A380 avec cinq cents passagers.

Lorsque je suis revenu du Yémen, j'ai repris mon activité à mi-temps à l'hôpital de Guéret dont le directeur utilisait son carnet d'adresses pour attirer en Creuse les praticiens hospitaliers professeurs des universités en retraite. Ainsi, mon collègue urologue consultait deux jours par semaine et faisait bénéficier de son expérience un jeune chirurgien urologue originaire de Tunisie. En dermatologie, le chef de service du CHU consultait un jour par semaine, de même que la professeure de néphrologie, un praticien neurochirurgien et un praticien chirurgien thoracique. Ces arrangements évitaient de longs déplacements aux patients, car ces spécialités étaient peu ou pas représentées à Guéret. Par ailleurs, le CHU envoyait des assistants en temps partagé en gastro-entérologie ainsi qu'un consultant en nutrition.

L'hôpital de Guéret est un petit établissement mais son équipement est très correct et l'hôtellerie de bonne qualité avec une majorité de chambres individuelles.

Je connaissais le service des urgences, car j'avais effectué une expertise qui avait abouti à la condamnation de l'établissement par le tribunal administratif.

Entre 2016 et 2018, j'ai anesthésié quatre mille patients et assuré sept mille cinq cents consultations. Lorsque je suis arrivé, le bloc opératoire était équipé d'un échographe ancien dont les performances étaient insuffisantes pour la pratique de l'anesthésie locorégionale en toute sécurité. L'administration accepta d'acquérir un appareil et l'anesthésie locorégionale put être développée pour atteindre près de soixante pour cent des actes, soit seule, soit associée à la sédation ou à l'anesthésie générale pour assurer l'analgésie postopératoire. La majorité des prothèses de hanche ou de genou furent faites sous anesthésie rachidienne et de nombreux actes furent réalisés avec des anesthésies des troncs nerveux des membres ou du tronc.

L'interne d'anesthésie envoyé chaque semestre par le CHU pouvait ainsi se familiariser avec toutes les techniques de l'anesthésie générale et locorégionale utiles dans un établissement pratiquant la chirurgie orthopédique, traumatologique, urologique, gynécologique, viscérale, stomatologique et ORL. L'activité de pédiatrie était faible, se limitant à des enfants de plus de 2 ans opérés de hernies et de phimosis. Les césariennes étaient au nombre d'une vingtaine par an (quarante au total, car j'exerçais à mi-temps).

En juin 2016, j'ai démissionné avant la fin de mon contrat prévu pour six ans ; cependant, la situation de l'anesthésie s'étant dégradée à la suite de la maladie d'un praticien, puis du départ d'un second, j'ai continué régulièrement à dépanner mes collègues lorsqu'ils peinaient à trouver des remplaçants. Ainsi, au moment où j'écris ces lignes, en juillet 2019, je m'apprête à passer la dernière semaine du mois à l'hôpital de Guéret, en espérant que ce sera la dernière.

Le recrutement d'intérimaires est souvent critiqué car coûteux, mais il résulte de l'indigence des politiques quant à la formation des médecins et leur incapacité à évaluer les besoins réels de nos hôpitaux.

L'organisation des soins hier et aujourd'hui

Lorsque j'ai commencé ma carrière médicale, les hôpitaux ressemblaient encore aux hospices de Saint-Vincent-de-Paul. Ils comportaient encore un grand nombre de salles communes et le personnel était en grande partie composé de religieuses appartenant à des congrégations parfois propriétaires des établissements. Les infirmières civiles étaient en nombre croissant mais encore insuffisant pour assurer une couverture des soins de vingt-quatre heures. Ainsi, à l'hôpital Saint-André de Bordeaux, la nuit, il y avait dans chaque salle une «veilleuse» dont la compétence se limitait à quitter son tricot pour appeler l'externe de garde ou la «ronde» infirmière lorsque l'état d'un patient s'aggravait. Ce qu'on appelait la ronde était un petit groupe de trois ou quatre infirmières qui se déplaçaient dans tout l'hôpital en fonction des besoins pour administrer les traitements d'urgence. Inutile de préciser qu'il était rare de rencontrer ces professionnelles débordées en permanence dans un vaste établissement de près d'un millier de lits. Les admissions urgentes et les soins externes étaient accueillis dans un pavillon en préfabriqué situé dans la cour de l'ancien couvent qu'était cet hôpital du centre-ville. Ce pavillon comportait un bureau où étaient enregistrés les arrivants venus par leurs propres moyens ou amenés par les pompiers ou la police. Derrière le bureau, se trouvait une salle d'examen où les arrivants pouvaient être examinés avant orientation dans un service ou traités et renvoyés si leur état le permettait.

Le bureau était pourvu d'un poêle à charbon autour duquel venaient se réchauffer quelques clochards habitués en hiver.

Les gardes étaient assurées par deux externes et deux internes. En chirurgie, l'interne avait la possibilité d'appeler un chef de clinique ou le chirurgien résidant. Ce chirurgien s'occupait exclusivement des urgences nocturnes de l'hôpital Saint-André. Aucun des autres établissements bordelais ne possédait un tel poste. Ce chirurgien avait la réputation d'un homme très expérimenté et habile, même lorsqu'il était passablement éméché après avoir passé la soirée au bistrot situé à cent mètres de l'hôpital où il avait ses habitudes.

Les gardes étaient très pénibles, car l'externe passait, en règle générale, la nuit debout, appelé dans tous les services ou en salle d'opération pour celui qui était affecté à la chirurgie. L'externe devait pallier le manque d'infirmières en étant capable de poser des perfusions, de pratiquer des injections et de poser des sondes gastriques ou vésicales, car les veilleuses n'avaient aucune compétence technique et la ronde était toujours débordée ailleurs. L'externe devait rapidement s'adapter à toutes les situations, car les internes appréciaient peu d'être dérangés et n'intervenaient que dans les cas sérieux, non sans avoir le plus souvent proféré des appréciations dèsobligeantes à l'égard de celui qui avait eu l'audace de troubler leur sommeil.

Lorsque j'ai entamé mon internat à Limoges, l'hôpital Saint-Alexis, situé à côté de la mairie, était vétuste, comportant encore plusieurs salles communes, des blocs opératoires dispersés, aucun service de réanimation autonome et pas de service de néphrologie. Le seul bâtiment récent, construit au milieu de la cour, abritait un service d'urgences avec sa salle d'opération au rez-de-chaussée et le service d'hospitalisation de neurochirurgie. La salle d'opération des urgences était majoritairement occupée par le neurochirurgien, le professeur Dany, qui opérait tous les après-midis et souvent la nuit. Les autres urgences étaient opérées aux urgences le matin ou transférées dans les autres services de chirurgie.

L'établissement était encore largement pourvu de religieuses. Heureusement, un service de réanimation était en construction et le projet d'un nouveau CHU existait, bien que l'évolution des travaux soit lente. La situation que j'ai vécue à Bordeaux et à Limoges était générale et la construction des nouveaux établissements a été accélérée par madame Simone Veil, ministre de la Santé du président Giscard d'Estaing.

En 1964, au début de mon externat, le personnel médical hospitalier était peu nombreux. Les externes étaient présents tous les matins avec les internes. La plupart des chefs de service exerçaient leurs fonctions à mi-temps. Les chefs de clinique étaient à plein-temps, mais certains étaient pris par des tâches d'enseignement à la faculté. Enfin, un certain nombre de médecins et spécialistes libéraux effectuaient des vacations dans les services hospitaliers. La visite du soir était effectuée par les internes. Seule l'anesthésie disposait d'un cadre hospitalier temporaire et pouvait ainsi nommer des médecins exclusivement hospitaliers. À partir de 1970, le statut de praticien hospitalier a été créé pour toutes les disciplines dans les hôpitaux universitaires.

Parallèlement à la construction des CHU, les pratiques médicales ont rapidement progressé, en particulier grâce au statut plein-temps qui a permis de développer la recherche clinique et à l'essor de la recherche en sciences fondamentales stimulée par des agences comme l'INSERM (Institut national pour la santé et la recherche médicale) et le CNRS (Centre national de la recherche scientifique). Les progrès thérapeutiques ont été d'une extrême rapidité dans toutes les disciplines et le regard de la population à l'égard de l'hôpital a considérablement évolué.

L'hôpital est devenu, en quelques années, un recours en cas de maladie grave et, en même temps, les exigences consuméristes ont stimulé la recherche d'une standardisation des soins et de la sécurité des actes pratiqués. En même temps que les progrès thérapeutiques, les litiges et les procès sont devenus plus nombreux.

Toutes les disciplines médicales ont réformé leur enseignement pour l'adapter à l'évolution des connaissances. Ainsi, la spécialité d'anesthésie-réanimation, qui était accessible en un an à l'époque où j'étais externe, est passée rapidement à trois ans et s'acquiert actuellement au bout de cinq années d'internat. Au début de mon internat, en 1968, le nombre d'anesthésistes-réanimateurs était faible et de nombreux établissements fonctionnaient avec des infirmières aides-anesthésistes qui administraient des anesthésies seules, sous la responsabilité du chirurgien. Le certificat d'études spéciales d'anesthésie-réanimation avait été créé en 1946, mais le nombre de candidats était encore insuffisant pour combler la pénurie de spécialistes, en particulier dans certaines régions de France. Ainsi, en 1963, il y avait en France quinze professeurs d'anesthésie-réanimation dont seulement cinq pratiquaient des anesthésies. Il y avait alors mille deux cent trois spécialistes en France, soit 2,6 pour 100 000 habitants. Un département comme la Meuse ne comptait qu'un spécialiste alors que les Alpes-Maritimes en avaient vingt-neuf. En 2003, grâce au certificat d'études spéciales, le nombre de spécialistes s'élevait à une quinzaine pour cent mille habitants et l'anesthésie était devenue une spécialité exclusivement médicale, les infirmières anesthésistes ayant pour tâche d'assister les médecins dans la pratique et la surveillance de l'anesthésie.

À partir de 1976, la Société française d'Anesthésie et de Réanimation issue de la fusion de deux sociétés a créé des groupes de travail afin de définir des règles de bonnes pratiques et d'uniformiser l'exercice de la discipline grâce à des recommandations, des conférences d'experts et des conférences de consensus. L'enseignement postuniversitaire s'est développé et imposé pour maintenir les compétences des spécialistes confrontés à une évolution rapide de la médecine et de la chirurgie.

Le progrès des techniques médicales et chirurgicales de plus en plus complexes et efficaces a engendré des problèmes éthiques dont la solution doit être désormais partagée avec toutes les composantes morales et philosophiques de la société. Un Comité consultatif national d'éthique a été créé à cet effet et son premier président, nommé en 1983, fut le professeur Jean Bernard, créateur de la chaire des maladies du sang à l'hôpital Saint-Louis de Paris et grand humaniste unanimement respecté.

La recherche clinique a dû être encadrée par une loi (loi Huriet) destinée à définir les conditions de sa pratique et ses limites afin de préserver l'information, le libre choix de participation et la sécurité des patients.

Les problèmes éthiques soulevés par l'évolution des connaissances et des pratiques ont donné lieu à une loi proposée par le comité après discussion avec des experts et les autorités morales et spirituelles du pays. La loi de bioéthique est soumise à une révision régulière.

Après avoir été confronté aux discussions et souvent aux polémiques suscitées par l'apparition de méthodes contraceptives efficaces officialisées par la loi Neuwirth, le corps médical a été prié d'appliquer la loi Veil sur l'IVG. Son application s'est heurtée, à son début, à la mauvaise volonté d'une profession majoritairement conservatrice. Avant 1974, la profession faisait mine d'ignorer les drames générés par les avortements clandestins pratiqués dans des conditions souvent sordides. L'interdiction de l'avortement était assortie de peines tellement disproportionnées qu'aucun tribunal n'avait osé condamner de faiseuse d'anges ni de victime depuis le gouvernement fasciste de Vichy. Le nombre d'avortements était pourtant très élevé. Il suffisait, pour l'évaluer, de compter le grand nombre de curetages évacuateurs effectués chaque fin de semaine dans les hôpitaux. Le nombre d'avortements clandestins était généralement estimé égal au nombre des naissances. Le procès de Bobigny gagné par maître Halimi permit de mettre en lumière ce scandale sociétal et aboutit, en 1974, à la loi sur l'IVG, malgré l'opposition violente des forces les plus rétrogrades du pays dont l'ordre des médecins qui se déshonora par ses méthodes et ses propos injurieux à l'égard de la ministre, Simone Veil, et des partisans de sa loi.

Le fait d'associer l'ensemble des composantes de la société à l'élaboration des lois de bioéthique a permis de trouver des compromis entre les aspirations individuelles et l'évolution des exigences sociétales. La loi de bioéthique définit ainsi un équilibre entre et le souhaité et le souhaitable.

Lorsque j'étais externe en réanimation dans le service du professeur Castaing à Bordeaux en 1965, j'ai eu l'occasion d'observer des patients qui, aujourd'hui, soulèveraient la question de l'arrêt des soins. Ainsi, une enfant d'une dizaine d'années était dans le service depuis plus d'un an, en coma chronique à la suite d'un accident d'anesthésie, et avait pour seul traitement une alimentation et une hydratation par sonde. Cette patiente était dans le même état que le jeune patient qui a défrayé la chronique récemment à Reims. Je revois encore un homme d'une cinquantaine d'années quadriplégique et soumis à ventilation artificielle par trachéotomie pour une maladie de Charcot. Actuellement, les modalités d'évolution de cette maladie et le choix de vivre ou non du patient atteignant le stade terminal feraient l'objet d'une discussion et d'un accord entre l'équipe médicale et le patient. À cette époque, le corps médical s'intéressait peu à la fin de vie des patients. J'ai eu la chance de fréquenter le service du docteur Monmayou à l'hôpital Xavier-Arnozan et de côtoyer un des rares médecins de cette époque qui estimait que son rôle ne s'arrêtait pas lorsque le patient était considéré comme au-delà de toute ressource thérapeutique.

La fin de vie a fait l'objet de la loi Leonetti-Claeys, car les possibilités de la réanimation suscitaient des interrogations sur les limites à fixer aux soins pour éviter une obstination inutile. La médecine s'est saisie des conditions générales de la fin de vie par la création d'unités de soins palliatifs avec la possibilité pour les patients de décider jusqu'où il souhaitent aller ou non dans la pratique des soins et de la sédation qui leur sont délivrés.

Le comité d'éthique voit son activité croître à mesure que la recherche biologique progresse, en particulier celle qui touche au génome humain.

Les évolutions de la médecine et de la santé publique

Par rapport aux années soixante, beaucoup de cancers sont devenus des affections chroniques avec des durées de survie de plus en plus longues offertes par les nouveaux traitements. Autrefois, le médecin n'osait pas prononcer le terme de cancer devant son patient qui, cependant, n'était pas dupe mais préférait bien souvent faire comme si... Aujourd'hui, le diagnostic est énoncé par le médecin et bien souvent par les patients eux-mêmes qui ont conscience de l'amélioration continue des résultats du traitement.

La chirurgie du cancer représente une proportion importante des actes, mais les années futures devraient en voir reculer les indications au profit des nouveaux traitements médicaux. Les progrès rapides de l'immunologie et de la génétique devraient mener à la guérison et peut-être à la prévention de la plupart des cancers. Dans un proche avenir, on peut espérer ne plus avoir à enlever une tumeur ou un organe, grâce à l'efficacité des médicaments et à leur prescription plus précoce due au dépistage. Certains cancers pourront peut-être disparaître grâce à une prévention efficace. La vaccination systématique des filles et des garçons devrait ainsi faire disparaître le cancer du col utérin si les médecins et la population se persuadent de son efficacité.

La part de la chirurgie du cancer devrait diminuer régulièrement.

D'autres domaines de la chirurgie pourraient se voir amputés d'une partie de leur activité. En effet, récemment, une équipe de recherche de l'INSERM a pu reconstituer du cartilage détruit par l'arthrose grâce à l'implantation articulaire de cellules souches. Le succès d'un tel traitement révolutionnerait le traitement chirurgical de l'arthrose en diminuant ou en supprimant le besoin de recourir à des prothèses articulaires.

La radiologie interventionnelle s'est approprié une partie de la neurochirurgie en traitant les anévrismes intracrâniens. Lorsque ces malformations étaient abordées par la chirurgie, les actes étaient complexes, souvent très hémorragiques et très lourds pour les patients.

Les radiologues sont également capables de traiter les sténoses carotidiennes et les anévrismes de l'aorte abdominale.

La radiologie interventionnelle traite aussi les thromboses cérébrales en dissolvant le caillot sur le lieu de sa formation, à condition d'être mise en œuvre très rapidement après l'accident vasculaire.

Les cardiologues sont désormais capables de procéder au remplacement de la valve aortique par cathétérisme artériel et certains ont récemment traité avec succès les atteintes de la valve mitrale entre l'oreillette et le ventricule gauche. Une étude récente publiée dans le *New England Journal of Medicine* montre que les résultats à cinq ans de cette technique mini-invasive ne sont pas inférieurs à la chirurgie en terme de complications et de succès.

Depuis plusieurs années, l'insuffisance coronarienne a bénéficié d'abord d'un traitement chirurgical par pontage aorto-coronarien chirurgical, puis les cardiologues ont traité cette affection en introduisant par cathétérisme des stents (petits ressorts dilatant l'artère) dans les vaisseaux lésés et les études récentes démontrent l'équivalence de ces techniques.

L'ensemble de la chirurgie s'oriente vers des techniques de moins en moins invasives, afin de simplifier les suites opératoires et d'aboutir à une réhabilitation plus rapide. La cœlioscopie, maintenant couplée à la robotisation, est devenue la règle en chirurgie de l'abdomen et du bassin.

En chirurgie thoracique, chaque fois que c'est possible, les interventions sous thoracoscopie permettent d'éviter l'ouverture du thorax.

La génétique a progressé de façon spectaculaire depuis le début de mes études. Après avoir établi la carte du génome, les généticiens décrivent progressivement les mécanismes et les perspectives de traitement d' affections congénitales jugées autrefois incurables. Les patients atteints de ces affections, dont les plus rares sont qualifiées d'orphelines, peuvent enfin espérer une guérison. Le public ne s'y est pas trompé qui donne de grosses sommes au Téléthon afin d'accélérer la recherche. Cet effort de recherche a débouché sur le traitement génétique de maladies sanguines comme l'hémophilie A et B, la thalassémie, la drépanocytose.

Certains traitements résultent de l'élucidation des mécanismes en cause. Ainsi, l'amyotrophie spinale bénéficie d'un traitement administré par ponction lombaire qui évite aux patients de perdre l'usage de leurs membres inférieurs.

Bien d'autres affections redoutables comme la myopathie de Duchenne, la plus fréquente des affections musculaires héréditaires, devraient être vaincues dans un avenir proche.

La génétique s'intéresse également à d'autres domaines pathologiques comme certaines maladies mentales dans lesquelles des mutations génétiques ont été étudiées. Ainsi, récemment, l'équipe du professeur Munnich à l'hôpital Necker a décrit les mutations présentes chez certains patients atteints de syndrome autistique.

L'immunologie a connu des progrès spectaculaires qui ont débouché sur la mise au point de traitements efficaces pour des affections qui ont pour mécanismes des atteintes inflammatoires diverses. Les patients atteints d'affections inflammatoires rhumatismales ou intestinales ont déjà vu leur vie s'améliorer grâce à ces nouveaux médicaments issus de la recherche en immunologie et il n'est pas possible d'ouvrir une revue médicale internationale sans trouver plusieurs articles concernant ces nouveaux médicaments.

Il m'est cependant de plus en plus difficile de comprendre certains de ces articles spécialisés s'écartant de ma discipline, car les données fondamentales ont considérablement évolué en complexité par rapport à ce qu'elles étaient lors de ma formation initiale.

Les maladies infectieuses font encore de la résistance aux progrès de la recherche médicale. On avait pourtant cru à leur éradication après la découverte des antibiotiques. Il n'en était rien, car c'était sans compter avec l'adaptation rapide des bactéries et leur facilité à résister à des antibiotiques. Cette résistance est favorisée par l'utilisation des antibiotiques à tort et à travers en médecine humaine et surtout dans l'élevage industriel.

Les virus sont une autre cause d'inquiétude, malgré les progrès en matière de traitements et les vaccins. Les pandémies menacent une planète mondialisée sur laquelle les individus voyagent sans cesse, propageant rapidement les infections d'un continent à l'autre. Les virus passent ainsi souvent d'un réservoir animal à l'homme avant de se propager plus ou moins largement en fonction de leur contagiosité et de la rapidité des déplacements sur la planète. Les exemples sont désormais nombreux depuis le SIDA originaire d'Afrique. Le virus en cause, le VIH (virus de l'immunodéficience humaine), est passé du singe vert à l'homme avant de muter pour devenir pathogène pour lui. Les premiers cas ont été observés chez des femmes et des enfants qui furent contaminés en éviscérant les singes ainsi préparés pour être consommés. Toujours en Afrique, des épidémies de fièvres hémorragiques à mortalité très élevée sont dues à plusieurs virus dont le virus Ebola contracté à partir de singes qui l'ont reçu de chauve-souris fructivores.

L'Asie, en particulier la Chine, a été à l'origine d'épidémies nombreuses frappant les animaux et l'homme. En 2003, une épidémie à coronavirus (SARS-coV-1) a répandu une pneumonie très grave en Asie du Sud-Est. Le point de départ était en Chine et le virus responsable avait pour origine la consommation d'un animal sauvage, la civette, elle-même infectée par des chauves-souris. Malgré l'interdiction de vendre et de consommer des animaux sauvages, une nouvelle épidémie originaire d'un marché chinois est apparue en 2020 et a créé une pandémie, peut-être à partir de la consommation d'un animal intermédiaire contaminé par une chauves-souris, vendu et consommé dans une grande ville du pays. Le coronavirus (SRAS-coV-2) a provoqué un syndrome grippal évoluant dans 15 % des cas vers une atteinte pulmonaire grave grevée d'une mortalité de 20 à 30 % malgré la réanimation respiratoire. La pandémie a été rendue possible à cause de la contagiosité élevée du virus et de l'existence d'un portage asymptomatique. L'éclosion de ces grandes épidémies est favorisée par les dégradations de l'environnement en rapport avec les activités humaines. La diffusion des virus et des pathologies en cause résulte d'habitudes de consommation particulières à certaines régions et des mutations génétiques de ces agents qui les rendent dangereux pour l'homme. La promiscuité et les nombreux voyages rapides disséminent ces virus et peuvent créer des pandémies. Ces maladies nouvelles ne pourront être vaincues que par une remise en question des politiques environnementales, une diminution des voyages de masse et un gros effort de recherche permettant de mieux connaître ces virus afin de découvrir des traitements et des vaccins efficaces. La dernière pandémie appelée Covid-19 a montré que notre système de santé souffrait de graves insuffisances. Nous nous sommes trouvés confrontés brutalement à un manque dramatique de lits, d'infirmières, de médecins et d'aides-soignants ainsi qu'à une insuffisance de moyens matériels comme des masques, des tenues stériles et des ventilateurs pulmonaires. Les médicaments de la sédation et les curares importés pour des raisons de moindre coût ont même fait défaut au bout d'un moment. La cause de ces dysfonctionnements est la conséquence directe d'une politique de santé définie et appliquée par des technocrates qui ont progressivement pris le pouvoir et géré la santé avec, pour seuls objectifs, une diminution des coûts, sans tenir compte des besoins réels exprimés par les soignants. Durant les vingt dernières années, les réformes successives de la santé ont abouti à la pénurie de médecins et de soignants et à la désorganisation des hôpitaux. La question du coût de la santé ne doit cependant pas être éludée, car les nouvelles techniques, de plus en plus sophistiquées, nécessitent des moyens financiers importants et des efforts de recherche de plus en plus coûteux. Le fossé qui existe entre le monde occidental et les pays pauvres risque ainsi de se creuser d'avantage. Même les pays les plus riches auront peut-être du mal à empêcher que les difficultés économiques ne deviennent un frein au progrès médical et que les soins les plus onéreux ne bénéficient qu'aux plus fortunés. La production de richesses restera toujours une condition nécessaire pour assurer l'accès de tous aux soins et à des conditions de vie meilleures. La décroissance serait un non-sens catastrophique pour de nombreux domaines, en particulier celui de la santé, même si la lutte contre les désordres climatiques doit rester une de nos priorités.

L'amélioration de la santé des individus dépend des progrès de la médecine, mais également et surtout de conditions de vie et d'environnement optimales.

Les habitudes alimentaires devront être analysées et modifiées afin de prévenir les affections chroniques dévastatrices et l'émergence de pandémies dues très souvent à des zoonoses.

La médecine continuera son évolution, mais chaque victoire sera remise en question par de nouveaux fléaux qui ne pourront être vaincus qu'en maintenant un effort de recherche élevé et continu.

Si un génie, sortant de la lampe d'Aladin me proposait à mon dernier jour d'exaucer un souhait, je lui demanderais de m'arranger un retour des enfers dans un demi-siècle, juste assez longtemps pour avoir le temps de contempler les avancées médicales.

Table des matières

Introduction 9

Les premiers pas 15
Externe des hôpitaux 23
L'enseignement universitaire 35
Deuxième année d'externat 41
Troisième année d'externat 51
Quatrième année d'externat 69
Remplacements de médecine générale 83
Interne des hôpitaux de Limoges 109
Assistant-Chef de clinique 153
Praticien hospitalier Professeur des universités 165
Remplacements en hôpital général 207
Missions pour MSF (médecins sans frontières) 215
L'organisation des soins hier et aujourd'hui 247
Les évolutions de la médecine et de la santé publique 257

LA GESTE

www.gesteditions.com

Par ce logo, nous témoignons d'une volonté de réduire les impacts environnementaux liés aux activités de l'imprimerie. Nous choisissons un imprimeur impliqué dans la réduction des gaz à effet de serre. Le choix de nos papiers assure que la production a été faite à partir d'un produit à base de bois et a suivi le cahier des charges d'une gestion durable des forêts européennes. Achevé d'imprimer chez CPI Firmin Didot (171016) en France en août 2022.

Mise en pages : Claire Drouville

Dépôt légal : deuxième semestre 2022

11, rue Norman-Borlaug
79260 La Crèche
05 49 05 37 22
contact@gesteditions.com